JN013470

雑談が おもしろい人、つまらない人

放送作家・
即興力養成講師
渡辺龍太

PHP

皆さんは、
「雑談のおもしろさ」って、
何で決まっていると思いますか？

「話の内容」？
「頭の回転」？
「口のうまさ」？

実は、どれも違います。

いくら話の内容がおもしろくても、
場違いなテンションで話してしまうと
盛り上がりません。

頭の回転がどんなに速くても、
相手が置いてけぼりだと伝わりません。

口が達者で話がわかりやすくても、
相手が興味を持ってくれなければ
意味がありません。

実は、雑談のおもしろさは、
話の内容でも、頭の回転でも、
口のうまさでもなく、
**「相手と楽しく無理なく
会話できるかどうか」**
で決まるのです。

雑談は、相手との共同作業です。
相手と自分が心地よく、
自然と会話できることが一番大切なのです。

では、相手と楽しく
無理なく会話するためには、
どんなことに気をつけければ
いいのでしょうか？

実は、本書でご紹介する
雑談の基本は、
たった一つだけです。

その方法について、これから
ご紹介していきたいと思います。

はじめに　～インプロが教える「世界一簡単な雑談のルール」～

本書を手に取った方は、次のような悩みをお持ちかもしれません。

・**「ロベタ・人見知り」で雑談が苦手……。**
・**相手に「話がつまらない」と思われていないか不安……。**
・**とにかく「沈黙が訪れる」のが怖い……。**

しかし、これらはすべて、**雑談の本当の役割を知らないことからくる誤解**です。

ご安心ください。本書で紹介する「雑談術」は、これまでの本と一線を画しています。

私は、放送作家をする傍ら（かたわら）、**「インプロ」**というアドリブトーク術の専門家として活動しています。インプロとは、日本語で**「即興力」「即興演劇」**という意味で、その場の状況に応じて、即興で場を盛り上げる会話を行うためのコミュニケーションメソッドです。

そんなインプロの視点から言えば、雑談のルールはとてもシンプルです。

雑談に必要なのは、

「お互いのキャラクターを理解し合うこと」

これだけなのです。

この単純なルールがわかるだけで、圧倒的に会話がラクになり、自然と場が盛り上がるようになります。

さらに、お互いのキャラクターを理解し合えばいい、ということは、それ以外のことは一切考えなくてもいいのです。

だから、先ほどの雑談に対する悩みだって、次のように変わるはずです。

- **ロベタ・人見知りでも「ラクに話せる」！**
- **話の内容に関係なく、「話が盛り上がる」！**
- **「会話が途切れない」から、場が凍ることもない！**

これが、本書でご紹介する雑談術です。

では、お互いのキャラクターを理解し合うためには、何をすればいいのか？

雑談中、どんなことに気をつければいいのか？

その詳しい話を、この後、ご説明していきたいと思います。

人生は実力よりも「雑談」で決まる

この本でご紹介する雑談術をマスターすれば、単に雑談に困らなくなるだけでなく、相手との距離が縮まり、人間関係も変わります。

その結果、**あなたの人生を大きく変える可能性をも、雑談は秘めています。**

たとえば、人生の成功者の多くは、学歴が高いとか、才能豊かであるとか、仕事が圧倒的にできるなどといった、とてつもない実力を持っている人が多いです。

しかし、そんな突き抜けた武器を持っている人はごく少数。

多くの人は、学歴も、才能も、仕事の出来も、いたって普通のはずです。

そんな普通の人が、正面切って「とてつもない実力」を持った人たちと勝負しても、なかなか勝てません。

しかし、会社の出世競争などで、「なんで、あんな実力のやつが？」と思われる人が出世していることはあります。

その場合、その人は間違いなく、**「コミュ力勝負」で勝っています。**

コミュ力（コミュニケーション能力）を駆使して、様々な人々と信頼関係や人脈を築き上げ、自分の実力以上の成果をあげて、成功しているのです。

仕事だけではありません。モテる、モテないとか、人から信頼される、されないといった、プライベートも含めた人生のあらゆる待遇の違いも、コミュ力で決まっていることも多いのです。

では、人生を実力勝負から「コミュ力勝負」に持ち込むには、どうしたら良いのでしょうか。

その答えが「雑談」です。

「どこでも誰とでもスムーズに雑談できる人になる」ことが、人生をコミュ力勝負に持ち込み、成功を収める秘訣なのです。

「インプロ的雑談術」でコミュニケーションも人生も激変する！

とはいえ、私は、雑談が下手だと幸せな人生が送れない、と言っているわけではありません。本書の中でお話ししますが、私もインプロを学び、雑談の力で人生が大きく変わった1人です。

だからこそ、「こんなにシンプルで、誰でも身につけられる雑談のルールを知らずに、大変な実力勝負ばかりしているなんてもったいない！」という気持ちが強いのです。

本書では、キャラクターの理解に重点を置いた、**「インプロ雑談術」**について、余すところなく紹介します。

まずは、その心構えやテクニックを身につけて、「雑談って、こんなにラクで、おもしろいものだったんだ！」という感覚を味わってみてください。

そして、余裕が出てきたら、その感覚を持ったまま、今まであまり雑談できなかった人や場面で、積極的に雑談をするようにしてみてください。

そうすれば、**人間関係も大きく変わり、雑談の力で「ラクして得する」人生が開けてくるはずです。**

ではさっそく、「インプロ雑談術」の世界を、一緒に見ていきましょう！

雑談がおもしろい人、つまらない人　目次

第2章 相手のキャラクターを引き出す技術

第3章 自分のキャラクターをうまく伝える技術

第4章 知っているとすぐに役立つ「雑談ハック」! 得をする!

第1章

インプロ
雑談術
「7つの公式」

つまらない人は

「雑談の内容」を重視する

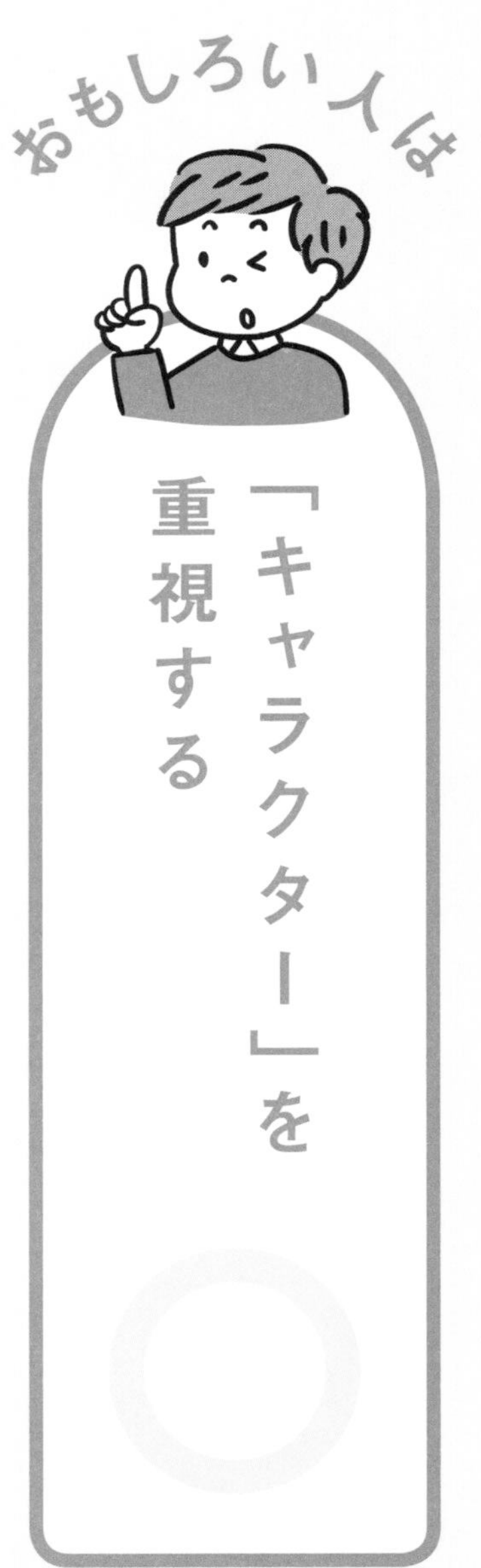

最初に、雑談にまつわる大きな誤解を解いておきたいと思います。

それは、**「雑談に才能はいらない」**ということです。

たしかに、話をしているだけで多くの人を笑わせて、ギャラを貰（もら）うようなお笑い芸人になるには、生まれながらの特別な才能が必要です。

しかし、ラクに楽しく雑談を続ける程度に話すといったことであれば、特別な才能は必要ありません。


そもそも、「はじめに」でも書きましたが、**インプロ的な観点では、雑談はお互いのキャラクターを理解するという行為に過ぎません。**

つまり、雑談は、笑わせる必要もなければ、オチを用意する必要もありません。

もっといえば、雑談の内容なんて何でもいい、とすら言ってしまってもいいのです。


その理由を説明するために、少しだけインプロについて詳しく説明させてください。

インプロは即興力とか即興演劇などと訳されますが、その意味するところは、「一切の台本がない舞台上で、観客を楽しませるための演技メソッド」です。

通常の舞台やお芝居では台本通りに演技する訓練や練習をしますが、インプロは「台本のない会話」を前提として演技の練習を行います。

その即興劇の舞台上で、俳優たちが意識しているポイントが2つあります。それは、

1．自分が演じている人物のキャラクターを明確にすること

2．劇の間中、そのキャラクターがブレないこと

この2つのポイントを押さえるだけで、舞台を見ているお客さんは、その劇をおもしろいと感じて満足します。

なぜなら、人は基本的に、目の前にいる人物のキャラクターがわかれば、その人物が、直面する事柄をどう考え、どう行動するかということに、強い興味関心を抱くからです。

つまり、**その人物のキャラクターがしっかりと確立されていれば、どんな劇の内容であろうが、劇は成立する**のです。

反対に、たとえば、見る人をうならせる殺人トリックなどが精密に描かれた劇でも、「さっきと言っていることが違うぞ？　キャラがブレブレじゃないか」「この人物、どんな人物かよくわからないな」といった違和感をお客さんが持つと、その劇は盛り上がりに欠

けてしまいます。

実は、雑談もこれと同じです。

雑談は、情報交換したり、相手を楽しませたりする場ではなく、**お互いにどのようなキャラクターなのかを理解する場**なのです。

皆さんは、「有意義な情報を得なければ」「相手を楽しませなくては」と意気込んで、必要以上に雑談に対して苦痛を感じていませんか？

しかし、相手のキャラクターを理解すればいいだけと思えば、一気に気持ちがラクになります。相手に興味を持ちやすくなり、質問内容や話題にも困りません。自然と会話も盛り上がりますし、相手の性格を把握しておけば、後々のコミュニケーションもスムーズになります。

そもそも、インプロが前提とする「台本のない会話」とは、まさに雑談を含む日常生活そのもののことです。その中には、当然ながら、あらすじや決まった流れなんてありません。だから、インプロのメソッドは日々の会話に応用が利くのです。

インプロ雑談術の公式 1

人は話の内容よりも「話者のキャラクター」に興味がある

つまらない人は

いくら話しても
キャラがつかめない

×

おもしろい人は

自分と相手の
キャラクターをつかむ

○

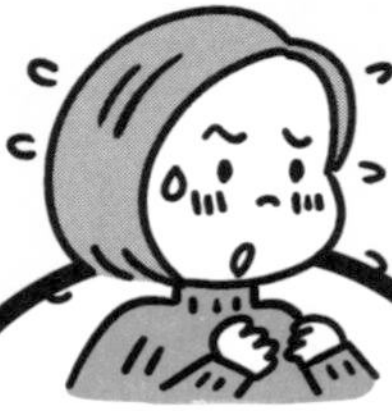

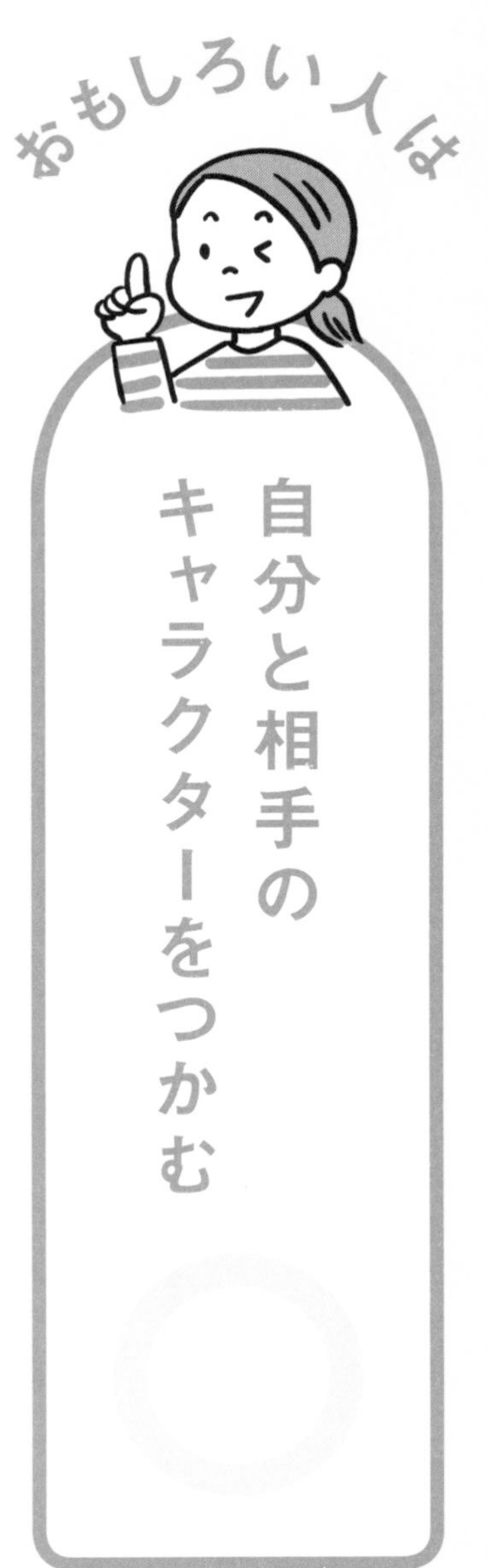

前の項で、「雑談は内容よりもキャラクターが大切」ということは何となくわかっていただけたかと思います。でも、「お互いのキャラクターを理解し合うって、つまりどういうこと？」と思われる方もいるでしょう。

雑談時のキャラクターの理解におけるポイントは、簡潔に言うと、次の2点です。

1．「相手はこういう人間なんだな」という情報収集

2．「自分はこんな人間なんです」という自己開示

まさにキャッチボールのように、「相手はこういう人間なんだな」という情報を受け取り、「自分はこんな人間なんです」という自己開示を行う、この応酬こそが雑談なのです。そして、この応酬を通じて、「お互いの扱い方を把握すること」こそが、雑談の目的なのです。

お互いがどういう人物かということがわかれば、コミュニケーションは一気にスムーズになります。仲良くなったり、仕事を円滑に行ったり、営業マンとして実績を得たりといったことなどが、簡単にできるようになります。

A

・趣味はゴルフ
・昔はゴルフはオヤジのスポーツと思っていて嫌いだった
・上司に、ビジネスマンにゴルフは不可欠と言われて、イヤイヤ始めた
・今は、その上司より、圧倒的にゴルフにハマっている
・月４万円のゴルフレッスンに通い、妻に白い目で見られている
・昔、ゴルフの悪口を共に言っていた仲間に、今、ゴルフを勧めている
・しかし、仲間はなかなかゴルフを始めてくれない

B

・後藤昌也（38歳　出身地：埼玉）
・自動車部品メーカー勤務
・趣味はゴルフ（上司の誘いで始めた）
・妻子持ち（子どもは２人）
・学生時代は部活などはしないタイプ
・国立大学出身
・好きな食べ物はラーメン
・酒はほとんど飲まない
・子どもとよくYouTubeを見ている

だから、雑談中は、「相手のキャラクターに関する情報を収集し、自分のキャラクターに関する情報開示をする」ことだけを意識すればいいのです。

しかし、雑談が苦手な人は、相手のキャラクターを知るという目的意識がないまま、会話をしてしまっています。

実は、ただひたすらに情報を集めても、それは「相手のキャラクターを知ること」にはならないのです。そしてこれは、自分の情報を人に伝えるときにも、まったく同じことが言えます。上の図の、とある人物に関する情報AとBを見てください。

多くの人は初対面の人と話すときに、どちらかというとBのように、その人に関する情報をまんべんなく聞こうとするのではないで

しょうか。

まずは名前を聞いて、年齢を聞いて、会社や部署を聞いて、出身地を聞いて、一通り聞き終わったら趣味の話や休日の過ごし方などのプライベートなことも聞いてみて……といった具合です。

しかし、これだけ質問しても「へえ、そうなんですね……」とふんわり雑談が終了することも多々あります。実は、このように相手の情報を広く浅く知っても、相手のキャラクターは見えてきません。なぜなら、それらの情報をいくら聞いても、**相手の考え方や価値観が、意外とわからない**からです。

雑談では、相手の「考え方や価値観」を理解せよ

ここで重要なのは、相手の考え方や価値観がわかる情報なのです。

この**「相手の考え方や価値観がわかる」ことこそ、相手のキャラクターを理解すること**なのです。Aの情報からは、その人が、

「やや思い込みが激しいが、状況に応じて柔軟に思考を変えることもできる。過去にはまったくとらわれず、他人からどう見られているかはあまり気にしない。でも、一度何かにハマったら、とことんのめり込むタイプ」

というキャラクターが見えてきます。名前も年齢もわかりませんが、何となく、人物像が思い描けると思います。

ここまでわかれば、この人と仕事をするならどんな対応が良いのかといった対応方法が、ある程度は想像できます。たとえば、新しく仕事を頼みたいとき、

「最初は抵抗されるかもしれないが、きちんと理由を説明すればわかってくれそうだ」
「断られても尾を引かないだろうし、もしハマれば、心強い味方になってくれそうだ」

なんて想像までできるはずです。

一方、**Bの情報からは、この人物がどんな人なのか、わかるようでわかりません。**

たとえば、この「後藤さん」に新しく仕事を頼みたいとき、あなたは不安を覚えるはずです。なぜなら、どんな反応がくるか予想できないから。

そんなときに、思った以上に激しく抵抗されてしまったら、きっとあなたは「なんでこんな反応をするんだ？　よくわからないな、もうこれ以上関わらないでおこう」と思うでしょう。そうすれば、その後の関係がギクシャクするだけです。

このように、**雑談がおもしろい人は、雑談がつまらない人とは、まったく別の視点で情報収集をしているのです。**

話すのがうまいとか、おもしろい話ができるとかは二の次です。とにかく、「相手がどんなキャラクターか」に注視して、それにまつわる情報を集めているのです。

この後、本書の主に第2章で「相手のキャラクターを引き出す技術」を、続く第3章で「自分のキャラクターをうまく伝える技術」をご紹介していきます。

インプロ雑談術の公式 2

とにかく相手のキャラクターがわかる情報を引き出せ！

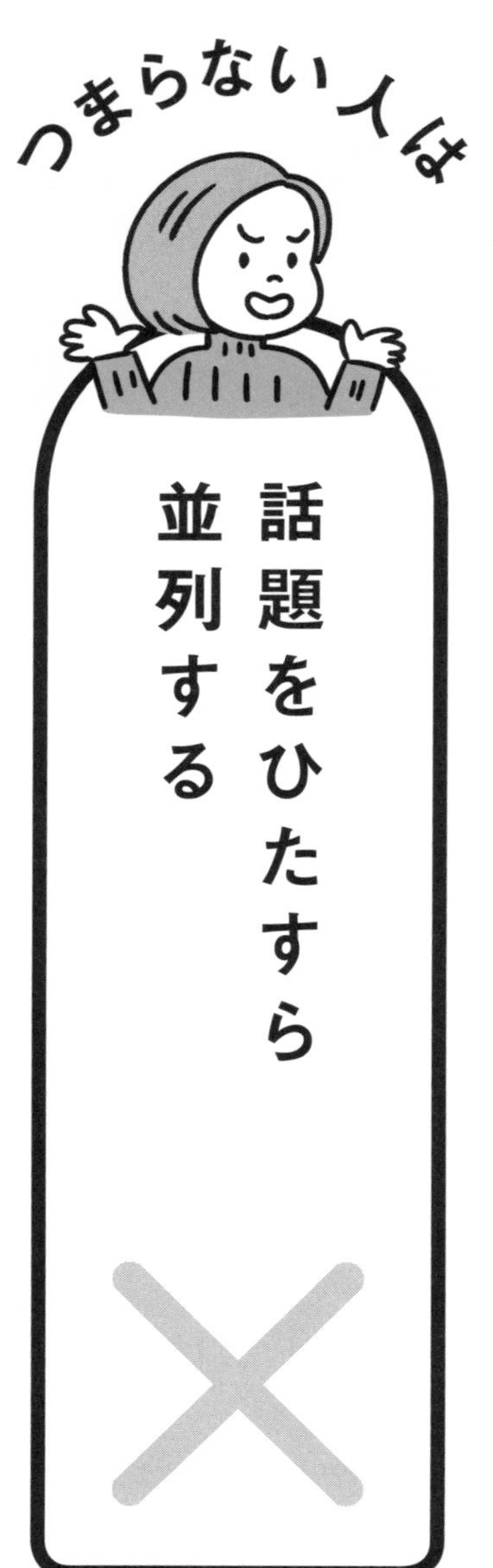
つまらない人は
話題をひたすら
並列する

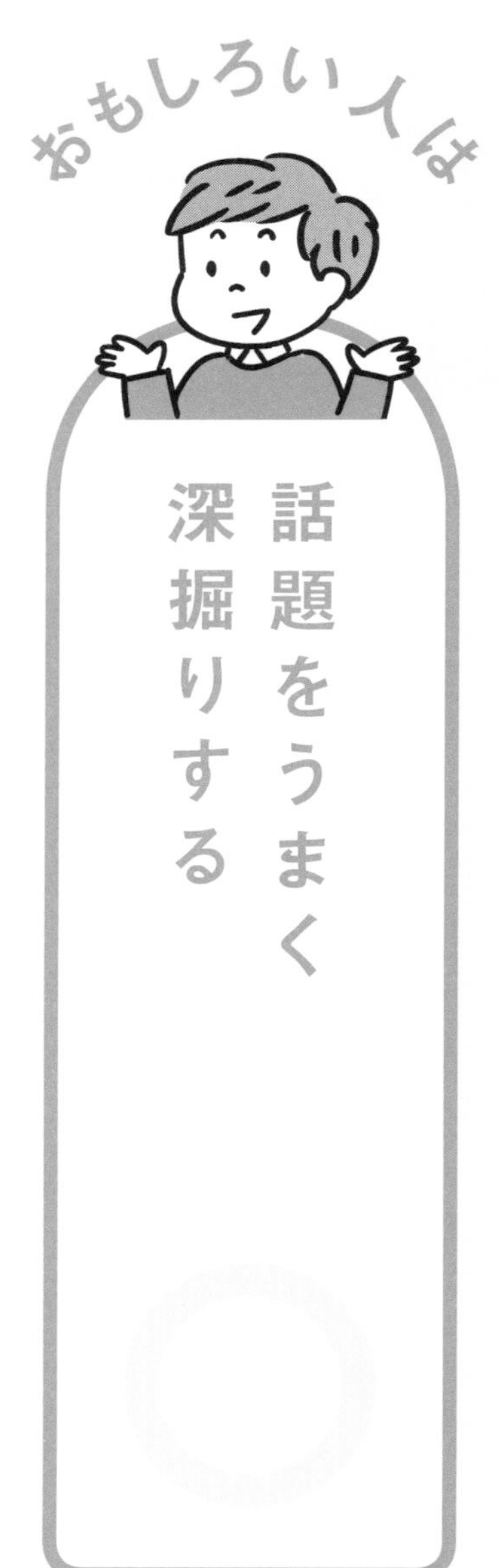
おもしろい人は
話題をうまく
深掘りする

前の項で「相手の考え方や価値観がわかる雑談が大切」といいましたが、そのためには**「話題選び」**もとても大事です。

なぜなら、何か1つでも盛り上がる話題があれば、相手のキャラクターを引き出すのは容易だからです。前項のAの例では「ゴルフ」という話題だけで、名前もわからないその人のキャラクターを読み取っていました。

しかし、この話題選びに苦労する人はとても多いようです。

よくあるのが、「話題を色々と振ってみるけれども、どれも相手にハマらず、会話が途切れてしまう」というパターンです。次の会話例を見てください。

A「今日、いいお天気ですね」

B「（まったく関心なさそうに）そうですね」

A「そ、そうですね……。あ、そういえばBさん、かなりの釣り好きだって聞きましたよ。Cさんが、釣った魚をたくさんもらったって」

B「ああ、あのときは、思ったよりも釣れたんで、おすそ分けしただけですよ」

A「へー、そうだったんですね……。（沈黙しかけ、あわてて）あ、あとBさん、カラオケも上手だってお聞きしました！」

B「ああ、まあね。でも最近は、あんまり行かないですね」

A「そうですか……。（撃沈！　もう、他に質問が思いつかない……）」

これは、話題をどんどん振っているのに全然話が盛り上がらず、何を聞いたら良いのかわからなくなってしまうパターンです。

ここでAさんは、「Bさんが興味を持ちそうなこと」をテーマに、「天気」「釣り」「カラオケ」と、順番に聞いていきました。しかし、一通り聞いたら、話が詰まってしまいました。これは「話題をただただ並列してしまい、どれも盛り上がらない」という悪循環に陥っています。

実は、この会話の中にしっかりと雑談を盛り上げるヒントはあります。しかし、Aさんはそれを拾い切れていません。どうすればよかったのでしょうか。

「相手が自発的に話そうとしていること」が盛り上がる鍵

重要なのは、**「相手が自発的に出してきた情報について質問する」**ことです。

ここで言えば、

「思ったよりも釣れたので、おすそ分けした」
「(カラオケに)最近はあまり行かない」

というところに食いついて、質問を続ければよかったのです。

相手が自発的に出してきた情報とは、その会話の中での**「新しい情報」**です。聞いてもいないことを自ら語り出しているわけですから、そこを掘り下げてあげると、まるで温泉が湧き出るように、相手が勢いよくエピソードや想いを語り出すことが多いのです。

たとえば、次の例を見てください。

A 「ご出身は、どちらですか?」

B 「私、新潟なんですよ。雪が多くて、**学校の授業でスキーがありました**」

A 「そうなんですね! 今も、滑ってるんですか?」

B 「そうですね。毎年、**冬になるとスキーをやってます**」

A 「毎年行かれているんですね。それはご家族と？　それともご友人と？」

B 「昔、子どもが小さい頃は、家族でよく行ってましたね。でも、子どもが大きくなって、私とは一緒に行ってくれないんですよ。なんで、**今はスキー仲間の友達と、滑りに行ってます**」

A 「そうなんですね。スキー仲間のご友人は、どんな方なんですか？」

B 「実はスキー仲間と言ったんですが、これが結構本格的でして、アマチュアのチームに入ってるんですよ。だから、同年代に比べて、**身体も鍛えている方だと思います**（笑）」

A 「だからですね！　身体、鍛えていらっしゃる感じがすると思っていたんです！」

B 「そうなんですよ。冬以外も、ジムに通ってガッツリ筋トレしてましてて……（以下、止まらない勢いで話し出す）」

この会話例の中で、Ａさんは「学校でスキーの授業があった」「今でも毎冬、スキーをしている」「スキー仲間の友人がいる」「アマチュアチームに属し、身体も日々鍛えている」という新情報が出るたび、それを掘り下げる質問を重ねています。

そうすることで、相手の情報をどんどんと引き出し、うまく深掘りすることで雑談を盛り上げていくのです。

このように、話題を振るときは、相手が自発的に出してくる情報に着目しましょう。ここで新情報が出てこないようなら、潔く次の話題を振ればいいのです。それを繰り返すうちに、どこかで新情報を引き出し、話が盛り上がるきっかけをつかめるはずです。


難しいと思われるかもしれませんが、何度か意識して雑談をすれば、

「おっ、自発的に情報を出してきたな。ここは深掘りしてみよう」

「なかなか新情報を言わないな。次の話題に行くか」

という判断がとても自然にできるようになります。

失敗してもいいので、まずはこの考え方で相手の話を聞いてみてください。

インプロ雑談術の公式
3
雑談では相手が出してくる「新情報」に注目せよ

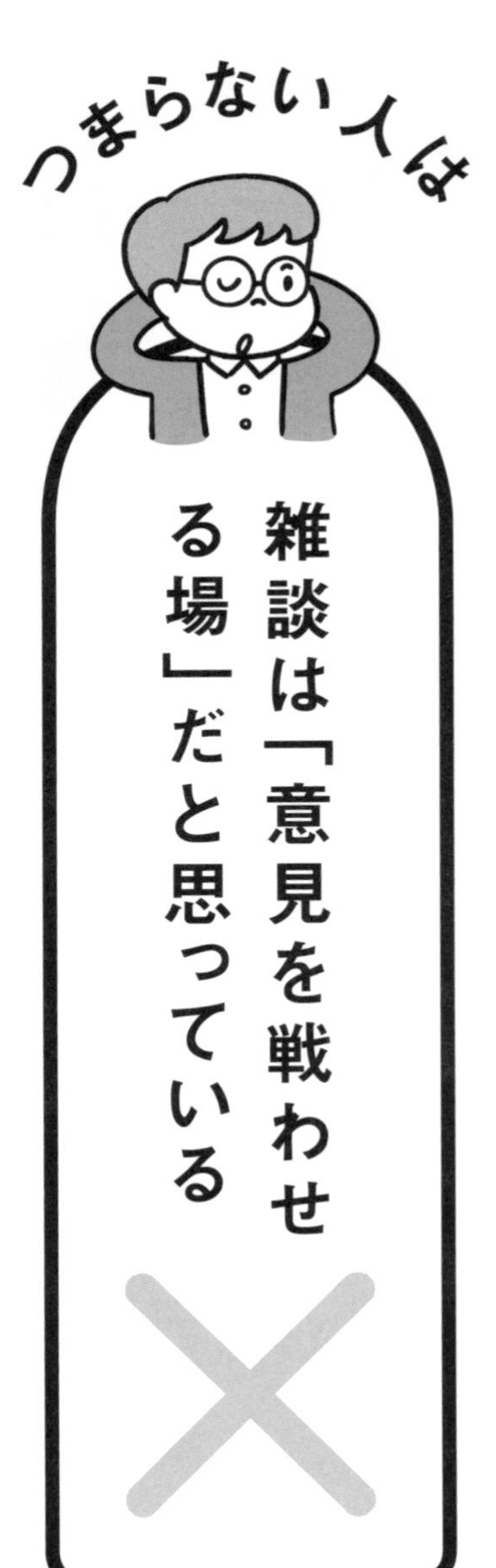
つまらない人は
雑談は「意見を戦わせる場」だと思っている

おもしろい人は
雑談は「冗談交じりでOK」と思っている

雑談において、政治や宗教の話は禁物と言われています。

それはなぜかというと、**政治や宗教といった話は「議論」を呼んでしまう可能性が非常に高いから**です。

議論になると、「お互いの意見のどちらがより正しいか」を主張する展開になりがちで、よほどの盛り上がりがない限り、少し変な空気が流れてしまいます。

しかし、「単に政治や宗教の話さえ避ければいいはずだ」と勘違いして、**雑談中に議論をしたがる人が数多くいます。**

次の会話は、陽気な若手社員Aさんが、普段あまり話さない別の部の先輩Bさんに話しかけているところです。

A「来月、大谷翔平の試合を生で見にアメリカに行くんですよ！　試合のチケットも旅費もとっても高かったんですけど、めったにない機会だし、思いっきりお金使っちゃいました。おかげで貯金、もうほぼゼロです（笑）。あはは！」

B「（怪訝（けげん）な顔で）え？　若いからって、貯金ゼロはないでしょ。そんなんだと将来、苦労するよ」

A 「（え、食いつくところ、そこ？）じ、実は、大谷翔平とは地元が一緒なんです！　だから特別な選手で、一度はメジャーで見たかったんです……。お金は、これから貯めるようにしますよ」

B 「いやいや、俺も野球好きだけど、貯金ゼロはさすがに引く。そういう長期的な目線がないところが、何か、仕事にも出てるよね……（深い溜息）。こんな注意してくれる人、あんまりいないからラッキーだと思った方がいいよ。ここまで言われて、どう思った？」

いかがでしょうか。議論開始のゴングの音が聞こえてきますね。

Aさんは、大谷翔平さんのファンだからアメリカに試合を見に行くという、何気ない雑談をしただけです。そして、ちょっとしたネタとして、貯金を使い果たしたと大げさに表現し、Bさんを笑わそうとしただけです。

ところがBさんときたら、「貯金ができないやつは、仕事もできない」という持論を展開して議論をはじめてしまいました。非常にめんどくさいタイプです。

しかし、こういう人は本当に良かれと思って持論を相手に語っているので、自分が議論をふっかけている自覚がありません。

雑談は「冗談交じりの話」くらいでＯＫ

ここでＡさんの方は、自分のキャラクターを相手にわかってもらうために、やや誇張した自虐で笑わせるような表現をしています。これは大変有効なテクニックで、大人の雑談をしていて、社会人として一枚上手です。

また同時に、Ａさんは、普段話さないＢさんの前で、自分から冗談交じりに雑談するというチャレンジ精神を持っているともいえます。これもまた重要なポイントです。

考えてみてください。「笑える話」と「真面目な議論」、どちらがより多くの人に受け入れられるでしょうか。当然、前者です。

Ａさんのようなタイプの人は、一見強面だったり、とっつきにくく見えたりする人とでも、そんなハードルを飛び越えて、会話を盛り上げる可能性を持っています。

少なくとも、その場の議論や説教よりも、雑談が続くことは間違いないでしょう。

とはいえ、今回のように、こちらが冗談を言っても議論をふっかけてくるBさんのような人に出会った場合は、「ラッキー！」と思ってください。その理由は2つあります。

1つは、**こういうめんどくさい人に会ったという話は、それ自体が次の雑談の格好のネタになるからです。**

実際、笑福亭鶴瓶さんや千原ジュニアさんなどの落語家やお笑い芸人は、「ちょっと変な人」の話で笑いを取ることが非常に多いです。おそらく、鶴瓶さんがBさんに遭遇したら、「この前、ホンマおかしい人に会ったんですわ」と、すぐにネタにするはずです。

もう1つの理由は、Bさんのような人は、懐(ふところ)に飛び込むと、案外強力な味方になってくれる可能性があるからです。ここでの会話だけ見れば「ただの嫌な先輩」ですが、そんなBさんのキャラクターを把握した上で、次に会ったとき、「早速、貯金はじめました！」と言ってみたりすると、「おお、お前もわかってくれたか！」と、仲間だとみなしてくれる可能性もあります。

実はこれが、いわゆる**「実力勝負」**から**「コミュ力勝負」に持ち込む戦略の1つ**です。

どことなく接しにくいなと思っている相手でも、「そういうキャラクターなんだ」と一旦飲み込み、その上で雑談をすることで、あなたの人生を押しあげてくれる人に変わることもあります。

雑談が苦手な人は、雑談を真面目にとらえすぎて、相手の言動に傷ついたりすることもあると思います。でも、一歩引いて俯瞰(ふかん)して見ると、気持ちも楽になりますし、苦しい場面もプラスに変えることができます。

そもそも、自分と完璧に気の合う人を見つけられることの方が少ないはず。気の合わない人や多少、嫌な感じがする人と会ってもストレスがたまらないように対処することも、雑談で得するコツの1つです。

インプロ雑談術の公式 ④

めんどくさい人は「ネタの肥やし」と思って付き合え

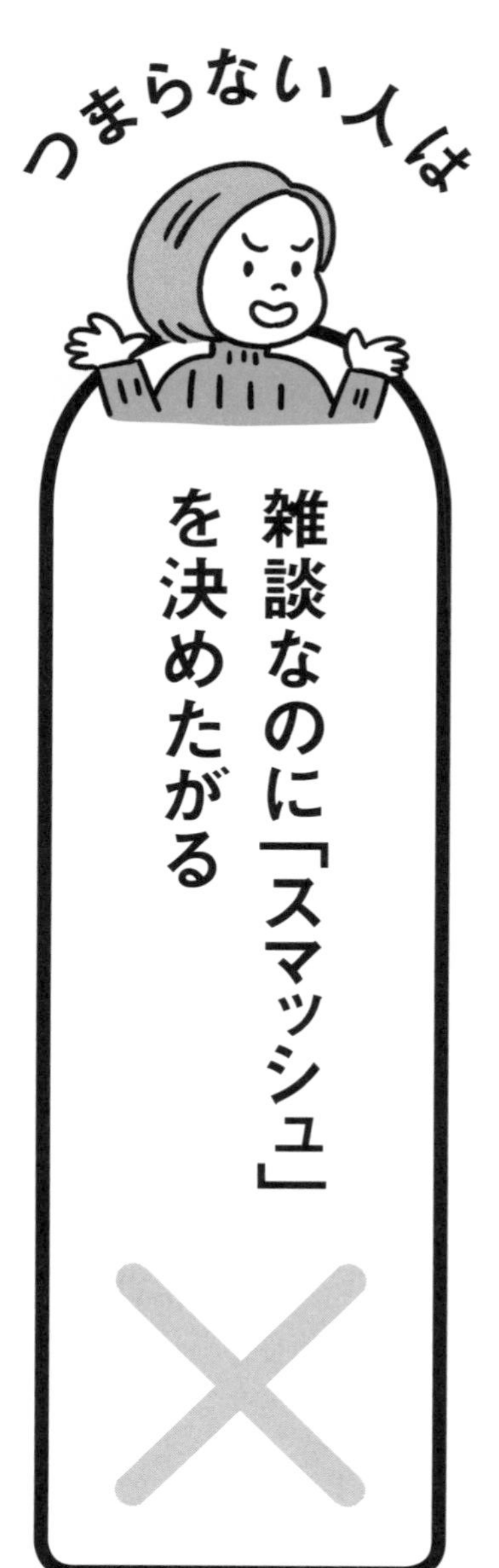
つまらない人は
雑談なのに「スマッシュ」を決めたがる

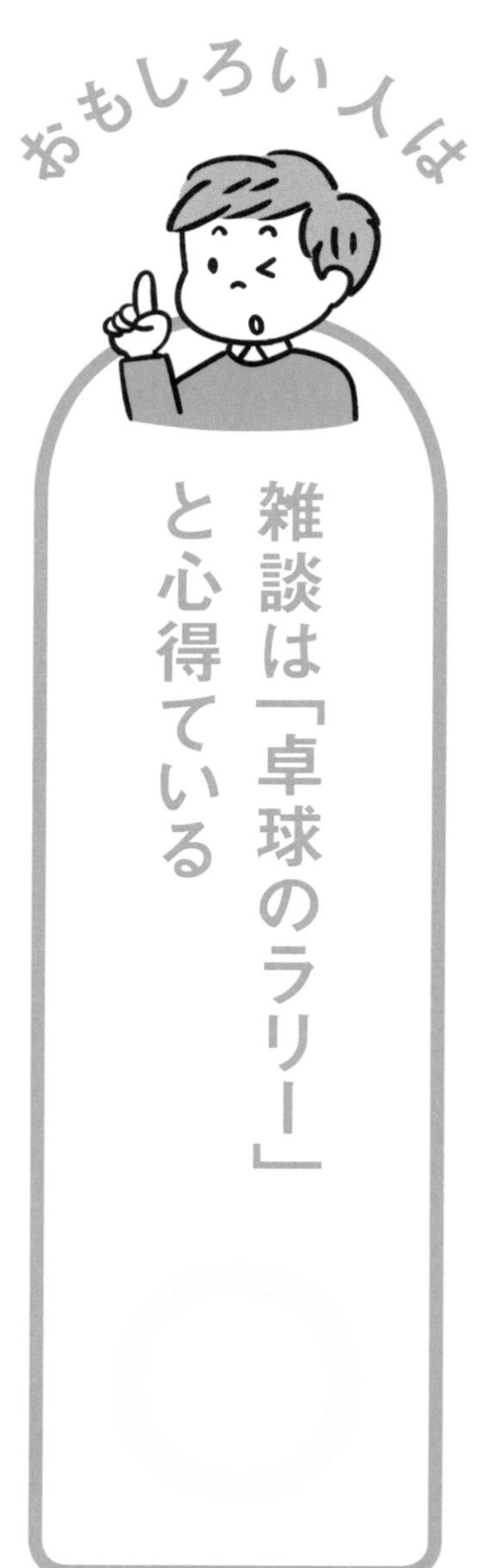
おもしろい人は
雑談は「卓球のラリー」と心得ている

温泉やバーなどに行くと、卓球台が置いてあることがあります。
そんなとき、「卓球やろうよ！」と軽いノリで友人とラリーした経験のある人は大勢いるでしょう。そのときに、こんな人がいたらどう思いますか？

A「じゃあ、いくよ！（Bが取りやすい球を出す）」
B「おりゃ！（スマッシュを放ち、バチーンと大きな音が響き渡る）」
A「うわ！　スゴいね。いきなりスマッシュ？」
B「まあね。卓球はつい真剣になっちゃうよね」
A「そ、そうだね！（と言いながら、球を拾ってくる）」
B「どんどんきて！」
A「じゃあ、いくよ！（再び、Bが取りやすい球を出す）」
B「おりゃあ！（再び、Bの激しいスマッシュが炸裂（さくれつ））」
A「ほ、本当すごいね……。」
B「これで2－0だね。どんどんいこう！」
A「う、うん……。（無言で球を拾いに行く）」

ハッキリ言って、とても嫌ですよね。

温泉で汗をかくほど真剣に卓球をしたい人、酒が入った状態で激しいスマッシュのやり合いがしたい人なんて、ほぼ皆無でしょう。

こういう場所では、疲れない程度に「ラリーを続けること」を楽しむものです。

力を抜いたラリーで、相手のキャラクターを探れ

実は、卓球のラリーは、雑談と似ています。

雑談においては、お互いのキャラクターを把握することが何より求められますが、そのために必要なのが、疲れない程度にラリーを続けることなのです。

しかし、中にはBさんのように、雑談中にやたらスマッシュを打ちたがる人がいます。

会話におけるスマッシュとは、やたら場違いな笑いを取ろうとしたり、必要以上にうんちくを語ろうとしたり、相手の間違いを過剰に訂正したりするような行為です。そんなことばかりやられたら、相手は疲れてしまいます。

これは、「話すことは好きなのに、思っているほど盛り上がらない」という人にありが

ちです。

さて、インプロにおけるコミュニケーションの基本をよく表している名言があります。

それは、タモリさんの**「やる気のあるものは去れ」**という言葉です。

この言葉は、やる気のありすぎる人は、物事の中心ばかり見て、その周辺で起きているおもしろいことに気がつかないという意味です。

雑談もこれと同じです。つまり、真面目に「常にスマッシュを狙う」ような話し方をしていると、周りから煙たがられてしまいます。

それより、肩の力を抜いてテキトーに話せばいいやというくらいの意識で、雑談はするべきだということです。そうすると、コミュニケーションの本筋から少し外れた「本当におもしろいこと」に気づいて、気の利いたトークや話題がどんどん出てくるはずです。

インプロ雑談術の公式 5

雑談では「力を適度に抜いたラリー」を意識

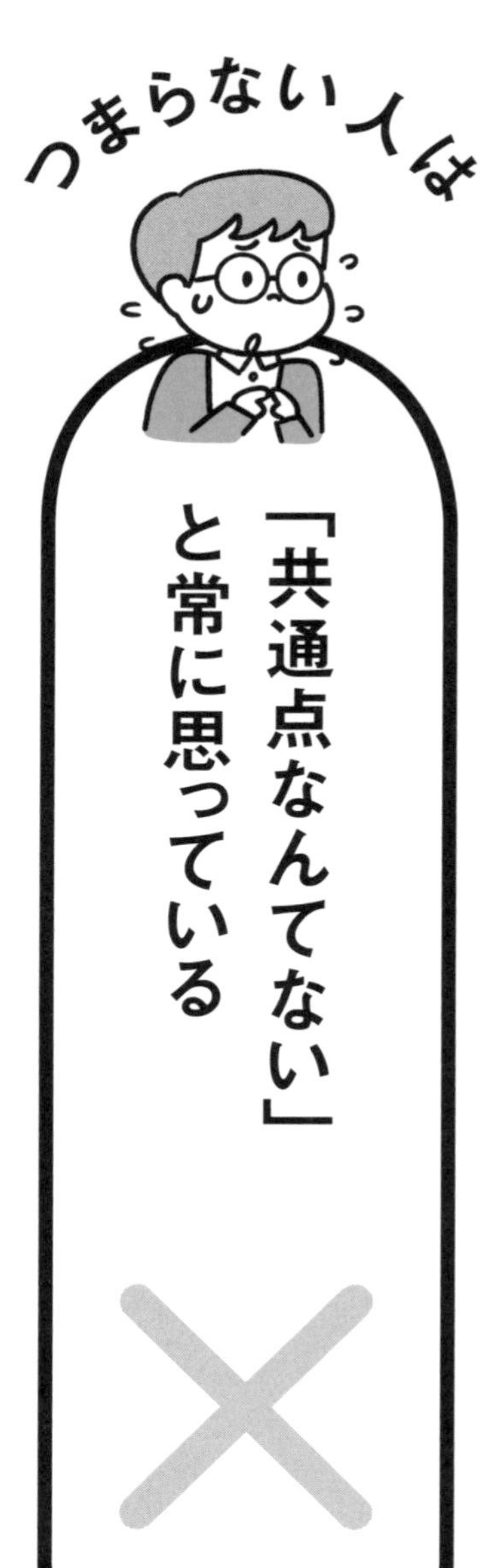
つまらない人は
「共通点なんてない」
と常に思っている
×

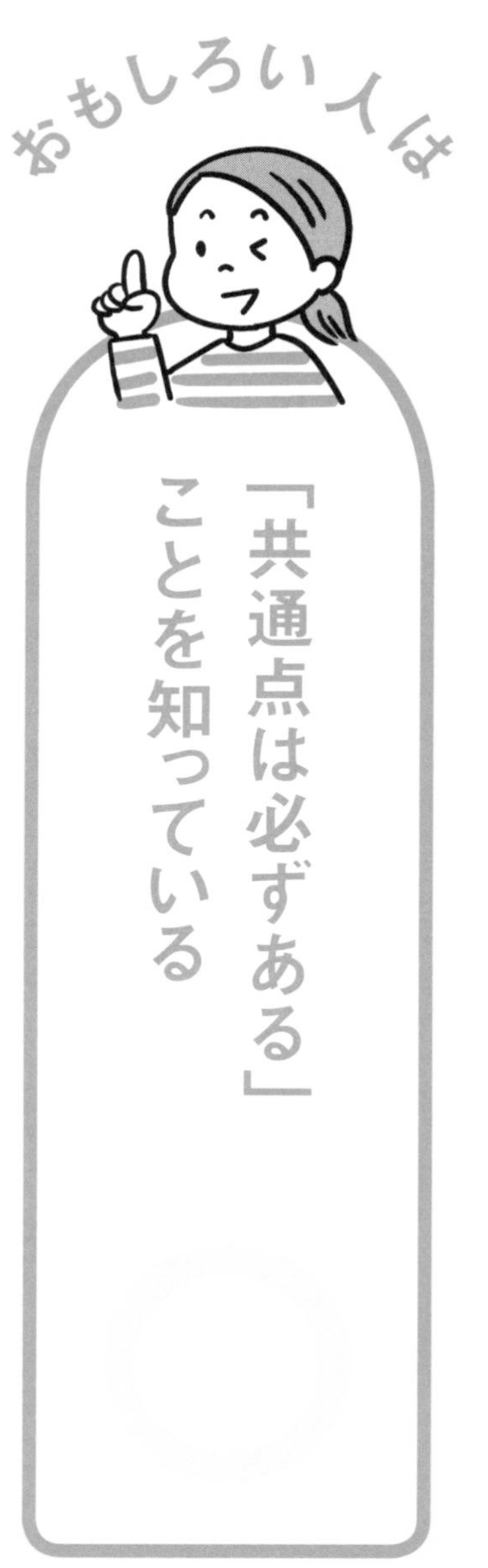
おもしろい人は
「共通点は必ずある」
ことを知っている

雑談する上で、話を盛り上げたいとき非常に役に立つキーワードがあります。

それは、**「私も！」**というフレーズです。


雑談は、お互いのキャラクターを知る作業と書きましたが、お互いのキャラクターの中に共通項を見つけて、「私も！」と感情の共有ができると、その会話に心地よさが生まれ、仲間意識が芽生えます。

だから、雑談がおもしろい人は、些細（ささい）なことでも自分と相手との共通点を見つけると、「私もです！」と言って、感情を共有しようとします。


しかし、**雑談がつまらない人は、この「私も！」というフレーズが出てきません。**

なぜなら、そうした人は、相手と自分は基本的に相容（あいい）れないものだという考えを持っていることが多いからです。

だから、相手が自分と同じような感情を抱いたエピソードを聞いたときも、「へぇ、そうなんですね」と無愛想に言うか、「まあ、誰でも経験することかもしれませんね」と言って、話題を無駄に一般化してしまい、「私たちだけの共通点」というニュアンスを決して出さないのです。

あるいは、相手が「私も！」と共感してくれても、素直に受け入れずに、「いやいや、そんな単純なものじゃないですよ」と、必要以上に自分を卑下（ひげ）してしまったりします。

たとえば、次の会話を見てください。

A「私、実は1浪なんです。その1年は、人生で一番勉強したなって思います」

B「そうなんですか！　実は私も1浪なんです。後がないから不安感でいっぱいで、勉強しないと落ち着かないみたいな、そんな気持ちになりますよね（しみじみと共感）」

A「（少し機嫌が悪い感じで）いやいや、1浪って言っても、Bさんは◯◯大じゃないですか。私は▲▲大なんで、勉強したっていっても、まったくレベルが違いますよ」

B「え、いやでも、どこの大学とか関係ないじゃないですか（笑）。浪人のときに一生懸命がんばったって話なんですから」

A「（やや怒り気味に）そこは重要ですよ！　所詮（しょせん）、最後は結果ですから……」

B「そ、そうですか（苦笑）……（この人、めちゃくちゃめんどくさいな……）」

いかがでしょうか。これでは雑談が盛り上がるはずはありませんね。

会話が途切れない最強テクニック「Yes, and」

さて、インプロの基本中の基本に、**「Yes, and」**という考え方があります。

これは相手の発言や感情などを、「Yes」と一旦受け入れ、その後で自分の意見やプラスアルファの情報を加えることで、台本のないトークでも盛り上がる、という技術です。

今回の場合、Aさんは、Bさんの「私も！」という発言を、「大学が違うじゃないか」と思っても、一度受け入れるべきでした。

そして、「そうですよね。気持ちという意味では同じですよね！　まあ、大学のレベルはまったく違いますけど（笑）」と一言いえば、このような事態は避けられたはずです。

相手の話を聞くときは「私も！」と「Yes, and」で、お互いの共感の度合いが高まる方向に会話を進めてみましょう。

「私も！」と「Yes, and」が共感の秘訣

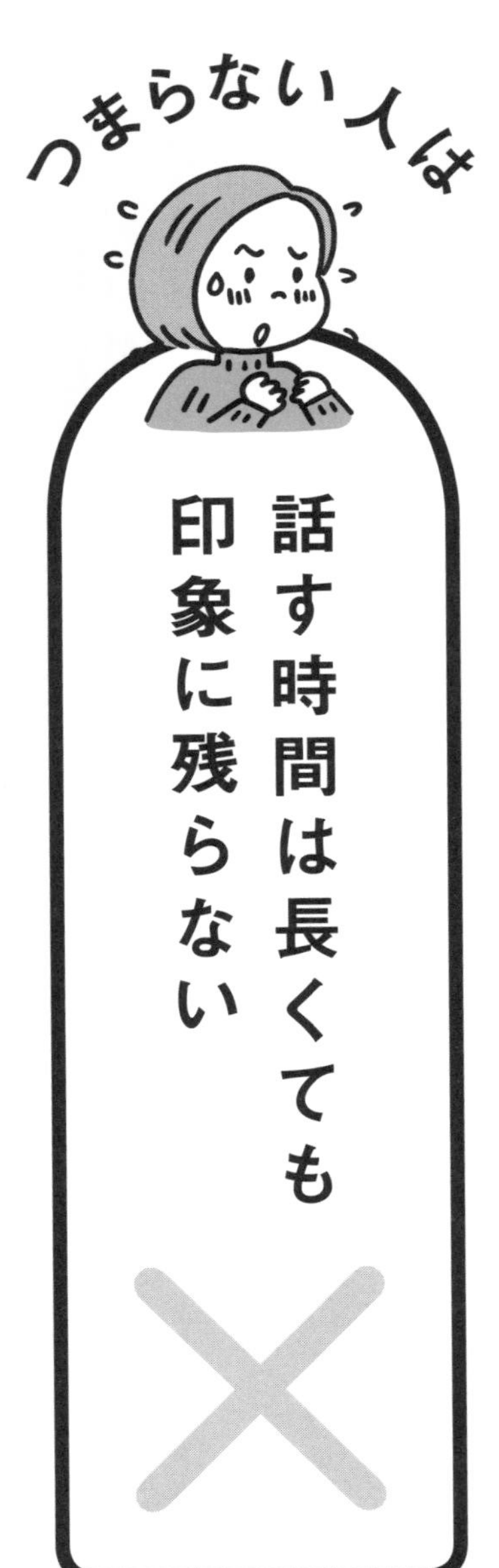
つまらない人は
話す時間は長くても
印象に残らない
×

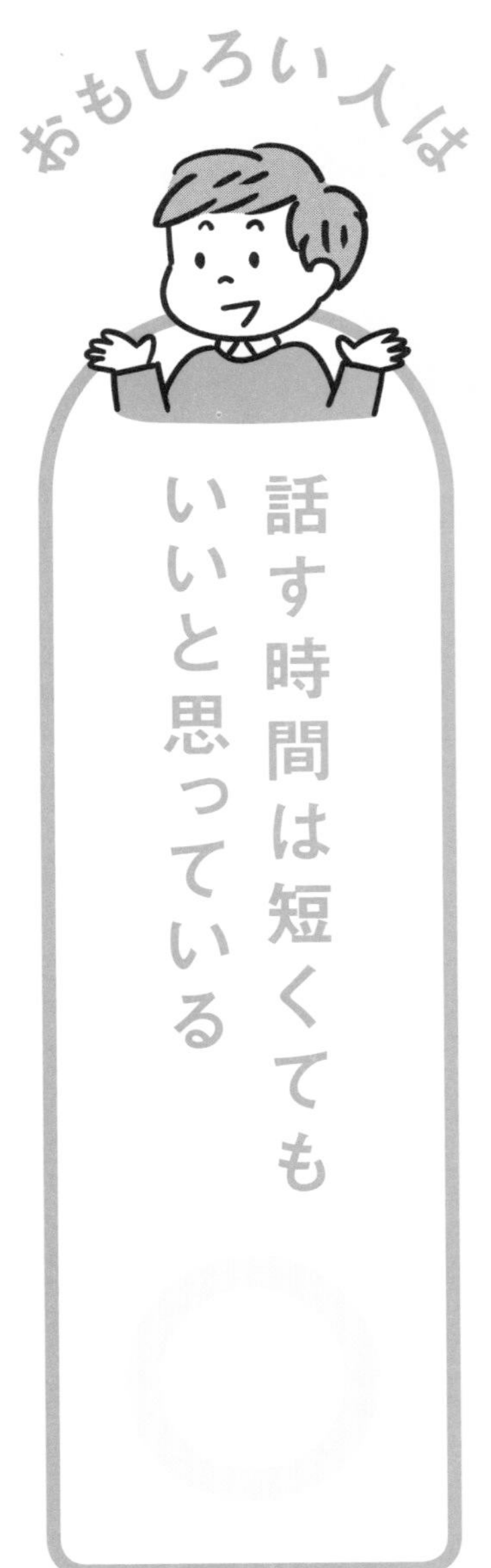
おもしろい人は
話す時間は短くても
いいと思っている
○

今回は、雑談の長さについて考えてみます。

まず、雑談の長さに制限はありません。徹夜で飲んだり、仲間と旅行に行ったり、親戚一同で集まったりしたときなどは、何時間でも雑談をしていることがあると思います。

では、とても短い雑談というと、どれぐらいまでが含まれると思いますか？

実は、**お互いのキャラクターをつかむという意味で、30秒あれば、雑談は成立します。**

実際、この本の雑談の例として紹介している話は、どれも短いものばかりです。しかし、それだけで、登場人物のキャラクターは十分に伝えられているはずです。

「雑談をしても、会話が続かないのが悩みです」という人は多いですが、雑談とは、長時間にわたってガッツリ会話をすることではありません。インプロ的に考えると、雑談は、お互いのキャラクターを把握できればよいだけなので、時間を気にする必要はまったくなく、むしろ、**短ければ短いほど、質の高い雑談といえます。**

したがって、日常生活で雑談を活用し、仕事やプライベートで有利になりたいと思っている人は、短く効率のいい雑談を意識するようにしましょう。雑談する時間をいたずらに長くして、情報収集ばかりしても、効率は上がりません。

雑談を効果的に使いこなしている人は、本題に入る前の30秒、それこそエレベーターを待っている間の数十秒など、そのぐらいの時間でお互いのキャラクターを把握して、人生のチャンスを増やしているのです。

実力勝負より「コミュ力勝負」で人生をラクに生きていきたければ、真面目にやる気を出して、ダラダラと長い雑談をするよりも、メリハリを利かせて、短い時間で、より多くの人と雑談をすることが必要なのです。

ここで、短時間で雑談をする上での極意をお伝えします。

それは、**相手のキャラクターについて、1つ情報を得たらそれで十分と思うことです。**

たとえば、本当に他愛もない、天気の話題から入る雑談だと、こうなります。会社に訪問してくれた方に一言、こんな感じに雑談を仕掛けてみましょう。

A「雨の中、わざわざお越しいただき、ありがとうございます。今日の地下鉄、遅れたりしてなかったですか？」

B「実は、○○駅で15分くらい電車が来なかったです。でも、それぐらいならね。少し早めに出てたんで助かりました」

A「△△線、雨が降るとよくダイヤが乱れるんで、時間が読めなくて困るんですよ。そんな中、本当にありがとうございます」

B「(にこやかな笑顔で)大丈夫ですよ！」

この会話、話すスピードによりますが、おそらく30秒もかからない会話でしょう。しかし、相手のキャラクターを把握できる情報がしっかりと入っています。

Aさんが振った「電車」の話題に対して、Bさんは15分も電車が遅れたのに、何一つ嫌そうな顔をせず、かつ正確な時間に到着しています。これは十分なBさんのキャラクター情報です。この情報があるだけで、後の本題に入って、相手とどう会話をしていくかの、ある程度のヒントにはなるはずです。

インプロ雑談術の公式

7

短い雑談は、相手のキャラを1つでも引き出せればOK！

第2章

相手の
キャラクターを
引き出す技術

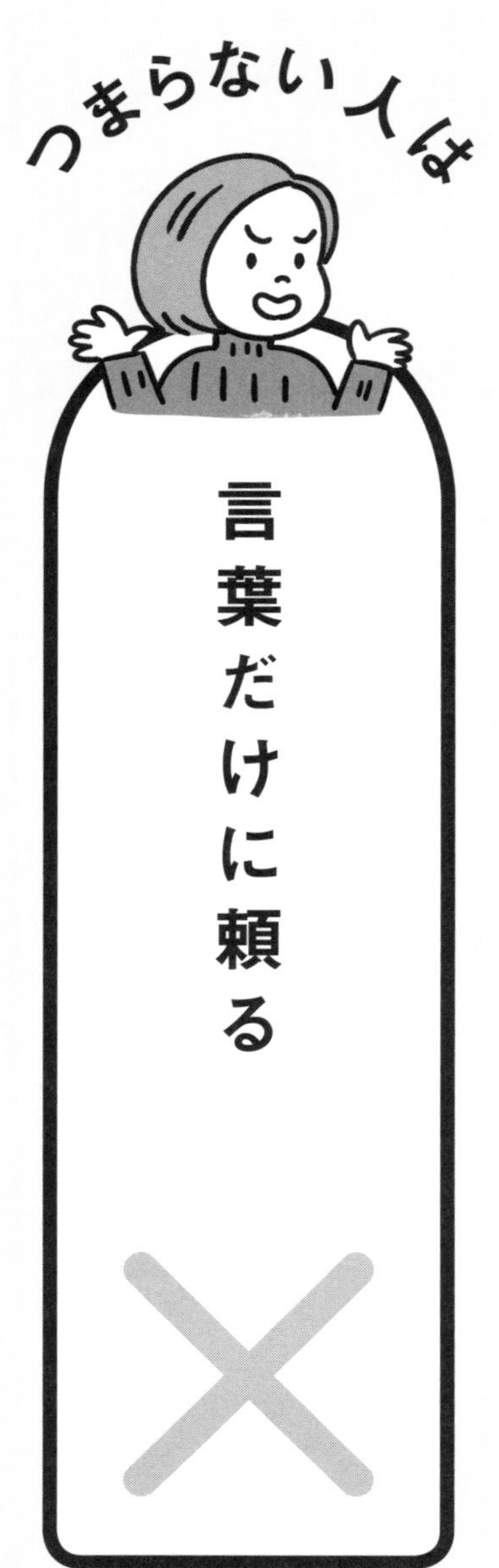
つまらない人は
言葉だけに頼る
×

おもしろい人は
うなずきの達人
○

世の中には、話しやすい人と、そうでない人がいます。

それは、同年代だからとか共通点が多いからといった理由ではないことが多いです。

たとえば、同い年の同級生であっても、親子ほど歳の離れた、病院のおじいちゃん先生と患者の若者の間であっても、人によって話しやすい、話しにくいといった違いはあるものです。

では、この違いは、どこからくるものなのでしょうか？


その答えは、とてもシンプルです。

人は、自分の話に対して肯定的なリアクションをしっかりとしてくれる人を「話しやすい人」と認識するのです。

我々は、自分が思っている以上に、相手の反応——受け答えの内容や表情、声色、身振り手振りに影響を受けます。

したがって、相手の反応が少しでも自分の想定より否定的だと、「この人は話しづらいな」となりますし、相手が好意的な反応を示してくれれば、「この人は話しやすい！」という印象を抱くのです。

それに比べれば、年齢や共通点の有無なんて些細な問題です。

つまり、雑談時に相手に気持ちよく話してもらい、相手のキャラクターを把握するためには、会話の中で肯定的なリアクションをし続ける必要があります。

そこで盲点になるのが、**言葉以外のメッセージ**です。

雑談中、多くの人は表情や声、テンションの高い低いやジェスチャーといった、言葉以外の方法でもコミュニケーションを取っています。なので、身振り手振りを使って全身で肯定的なリアクションをしないと、「話しやすい人」とは思ってもらえません。

次の2つの会話は、文章部分はまったく同じですが、ト書き部分（マーカーが引いてある部分）がまったく違います。ト書きとは、脚本などで台詞（せりふ）の間に入る、人物の動きや演出や状況などを指定する文章のことです。

【会話①】

A　「お寿司って、本当においしいよね！」

B　「（激しくうなずきながら）だよね～」

A　「毎日でも食べたいけどさ、でも、高いからね」

B「（大きくうなずき）うん」

A「だから、スーパーの500円くらいの寿司でいいやって思って買うと、逆にあんまりおいしくないいんだよね～。やっぱり、ある程度お金はかけなきゃね（笑）」

B「（小刻みにうなずきながら）うんうん、そうだよねー」

【会話②】

A「お寿司って、本当においしいよね！」

B「（左手で頬杖をつきながら）だよね～」

A「毎日でも食べたいけどさ、でも、高いからね」

B「（頬杖をついたまま微動だにせず）うん」

A「だから、スーパーの500円くらいの寿司でいいやって思って買うと、逆にあんまりおいしくないいんだよね～。やっぱり、ある程度お金はかけなきゃね（笑）」

B「（どこか遠くの方を見つめながら）うんうん、そうだよねー」

口から発せられた文章は同じです。しかも、①も②も、Bさんは「うん」「だよね」「そうだよね」しか言っていません。

しかし、ト書きが変わると、まったく印象が変わります。
①の場合、Aさんの話にBさんは、とても共感している印象です。
一方、②の場合は、いろんな解釈は可能ですが、Aさんの話にBさんは、とりあえずテキトーにあいづちを打っているだけのように見えたという人が多いはずです。

時々、本人は普通に過ごしているつもりなのに、周りから見ると、とてもリアクションが薄い人がいます。そういう人の場合、自覚はなくても、まるで②のBさんのような雰囲気を醸し出してしまっていることがあります。
その場合、雑談をしている相手は「こっちの話に全然興味なさそう!」と感じてしまい、雑談が沈黙へと変わることがあります。

このような事態に陥らないための一番簡単な方法は、**「積極的にうなずくこと」**です。
①のBさんのリアクションのト書きを見るとわかるように、Bさんはどんな話に対しても、「様々なパターンのうなずき」で返しています。
もちろん、表情や声のトーンなども調整できればベストですが、それはちょっぴり高等テクニックです。一番簡単で効果があるのは、できる限り、相手の目を見てうなずくこと

です。

よく、会話術の本などで、「相手の目を見るようにしましょう」とだけ書いてあります。しかし、インプロ的に考えると、よっぽどの名優でもない限り、言葉、もしくは身振り手振りがないと、目を見るだけでは共演者あるいは観客に自分の感情を伝えることはできません。

それはひいては、自分のキャラクターを相手に理解してもらえないことにつながります。なので、まずは、うなずきというアクションを多用してみてください。

ちなみに、有名人のインタビューなどを頻繁にする記者は、いかに相手に気持ちよく話してもらえるかを常に考えています。その結果、まるで、ずっと頭を弾かれている「赤べこ」の置き物のように、うなずきまくる人もいるぐらいです。

インプロ的にも「うなずき」の効果は間違いないので、即実践してみてください。

相手のキャラを引き出す技術 1

相手の話にうなずきまくれ！

つまらない人は
「知らない」はタブー
だと思っている
×

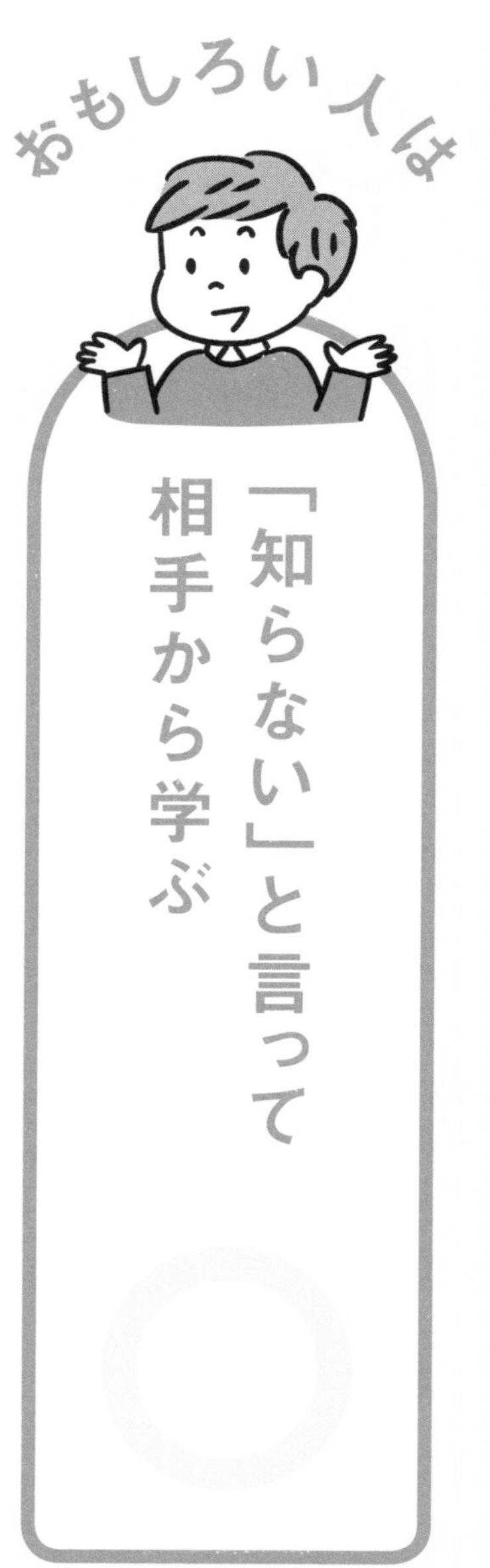
おもしろい人は
「知らない」と言って
相手から学ぶ
○

日本人は「おもてなし精神」が強い人が多く、雑談も「おもてなし」だと思っている人がいます。しかし、インプロ的な観点で考えると、相手に気を使いすぎる「おもてなし雑談」を展開すると、お互いに得しない事態が発生することがあります。

たとえば、会話の途中で自分がまったく知らない話になってしまって、相手を気づかうあまりに、つい「知ったかぶり」してしまうことはありませんか？　知らない話なのに、あいづちをひたすら打ってしまったり、ニコニコしてごまかしてしまったり……。

でも、後からそれがバレると、気まずい空気になってしまうことも多いですよね。

実は、**「知らない」という言葉は、自分から使ってしまった方がいいんです！**

次の会話例を見てください。これは、喫茶店でカフェオレとカフェラテの注文の取り違いをされたAさんと、それを見ていたBさんの会話です。

A「カフェオレとカフェラテを間違えるなんて、ありえないわよね！」

B「（え、そんなに違うっけ？　でも話を合わせておくか）そうですよね。カフェオレとカフェラテを間違えられちゃったら、ちょっと頭にきますよね（笑）」

A「そうだよね～。それどころか、この前さ、コーヒーショップの店員で、普通のコーヒー

とエスプレッソの違いすらわかってない人がいたの！　もう、びっくりしちゃって～」

Ⓑ「（え、その違い、全然わからないけど！）そ、そうなんですね～。なんかそれ、かなり恥ずかしいですね～。ははは……（と苦笑しながら無言になる）」

Ⓐ「そうよね。今日はコーヒーをわかってる人と話ができて嬉しい～。で、Bさんはどんなコーヒーが好きなの？　豆は？　淹れ方は？」

Ⓑ「あっ、そ、それはですね……（ど、どうしよう、さっぱりわからない……）」

以下の流れは省きますが、Bさんは、知ったかぶりをしてしまったばかりに、窮地に陥ってしまいました。とはいえ、これに近い経験を、皆さんもお持ちではないでしょうか。

しかし、実は、「知らない」というキーワードは、その後の雑談を盛り上げるスイッチの役割を持つ、と言っても過言ではありません。先ほどの会話例で見てみましょう。

Ⓐ「カフェオレとカフェラテを間違えるなんて、ありえないわよね！」

Ⓑ「その2つって、そんなに違うんですか？　**私、全然知らないんですけど**」

Ⓐ「え、知らないの？　カフェオレは、普通のコーヒーとミルクを1：1で割ったもの。カフェラテは、エスプレッソとミルクを1：4で割ったもの。全然違うのよ」

B「へ～、そうだったんですね！　結構、違いますね！　って言っても、今、聞いて普通のコーヒーとエスプレッソの違いも、実はあんまり、わからなかったんですけどね（笑）」

A「あ、そこからって感じ？（笑）　エスプレッソと普通のコーヒーはさー！　豆も抽出方法も違ってて……（と言いながらスイッチが完全に入り、勝手にしゃべりはじめる）」

いかがでしょうか。実は**「自分だけが知っていて、相手が知らないことを語るのが好きな人」は、かなりいます。**「普段は寡黙だけど、自分の興味があることについてはよくしゃべる人」は間違いなくこのパターンです。

ですから、職業上知らないと怒られるようなこと以外は、多少一般常識が足りないと思われようが、バカっぽく思われようが、**「知りませんでした」と言ってみましょう。**

それだけで、相手が勢いよくしゃべってくれて、雑談が自然と続く可能性も高まりますし、何より知ったかぶりがバレて、気まずい雰囲気が流れることはないはずです。

「知らない」は、相手が勝手に話し出す魔法のスイッチ

つまらない人は
感情より「結論」にこだわる
×

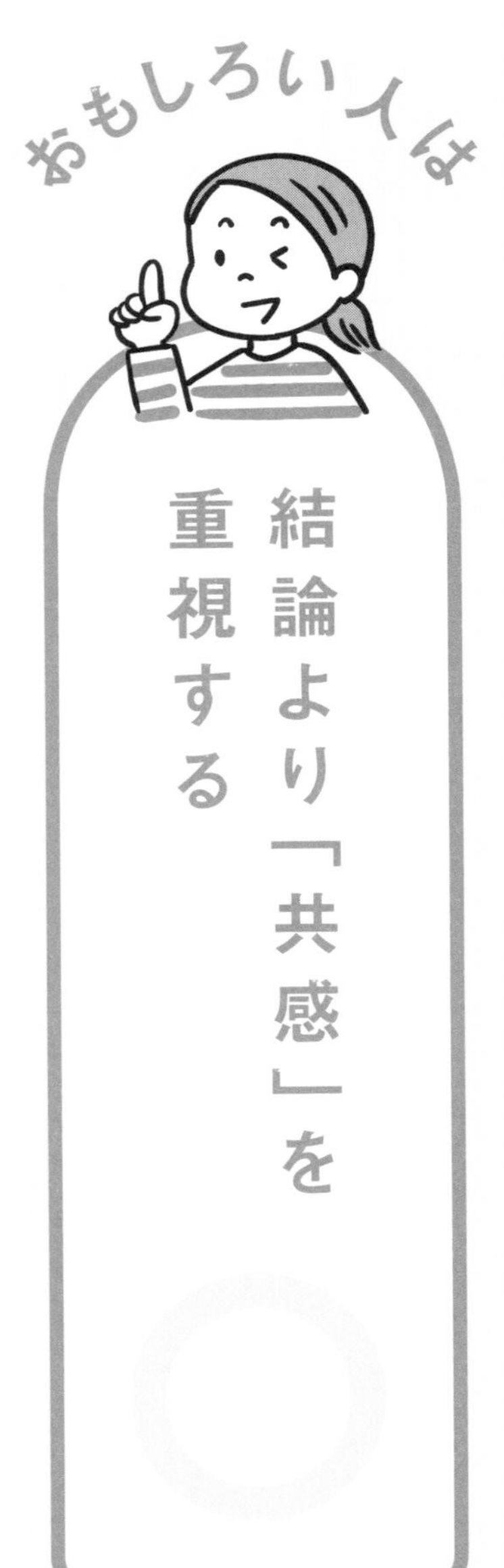
おもしろい人は
結論より「共感」を重視する
○

雑談の意義を、「価値ある情報のやり取り」だと思っていると、雑談は決して盛り上がりません。それどころか、めんどうなやつと思われてしまうことがあります。

次のやり取りを見てください。

A「食器洗いって、めんどくさいよね」

B「だったら、食器洗い機が便利だよ」

A「え？　でもキッチン狭いし、値段も高そうだし、それは無理かな」

B「最近は小さいのもあるし、数万円で買えるタイプもあるよ」

A「でも、私の家マンションだから、音がうるさいと困るな」

B「そんなにうるさくないよ。じゃあ、紙のお皿と割り箸を使えば？　これで解決！」

A「いやいや、お金かかりそうだし、食事しても味気ないじゃん。ゴミも増えるし」

B「うーん、じゃあAさんにとって、何がより良いソリューションなんだろうな？」

A「ソリューション……？」

この場合、AさんとBさんの間には、雑談に対する完全な認識の違いがあります。

Aさんは、単純に「食器洗いがめんどくさいね」という話をして、「そうだね！」とか、

「わかる！　その気持ち！」と言われて感情を共有し、お互いのキャラクターを認め合いたいのです。

一方、Ｂさんは「食器洗いがめんどくさい」という問題に対する解決策を示そうとしています。つまり、この話題に対して、最終的にどうするべきかという「結論」を出そうとしているのです。

たしかに、文字通りの意味にとらえればその通りなのですが、Ａさんのつれない反応を見るに、「ありがた迷惑」であることは明白です。一般的に、男性は結論を出そうとする人が多く、ただ共感して、自分というキャラクターの思考パターンを理解し、認めてほしいだけの女性と会話が嚙(か)み合わないなどと言いますが、まさにこの例のパターンといえるでしょう。

「わかる！」は定番の共感フレーズ

では、こんな場合はどうすればいいのでしょうか。

一番シンプルな方法は**「相手の感情を表す言葉に反応する」**ことです。

つまり、相手が**「嬉しい」「悲しい」「楽しい」「イライラした」といった自分の感情に**

ついて説明し始めた場合、示された感情に共感するのです。

さらに、そんなときに役立つ魔法のフレーズがあります。

それが「わかる！」という言葉です。先ほどの会話例で見てみましょう。

A 「食器洗いって、**めんどくさいよね**」

B 「**ああ、わかる！** めんどくさいよね！」

A 「そうそう！ 食べ終わった後って、何もしたくないじゃん。だからといって、次の日までシンクに食器を放っておくと、翌朝見たとき、すごく**嫌な気分になるし**」

B 「**わかるわー！** 本当に嫌だよね。だから私、食器洗い機買っちゃった。すごく便利！」

A 「そうなんだ！ でも私の家、キッチン狭いんだけど、置けたりするのかな？」

B 「うちのキッチンも狭いよ。2人分の食器洗い機だから、これぐらいの大きさ」

A 「へー！ それならいけるかも。でも、音とか、うるさくない？」

B 「それが、そうでもないんだよ。寝る前にスイッチ入れても、全然気にならない」

A 「いいねー！ じゃあ、私も買ってみようかな……」

驚くことに、話の内容は最初の会話例とほぼ同じ（食器洗い機の購入を勧める）ですが、直接アドバイスしていないこちらの雑談の方が、Ａさんは食器洗い機を購入したくなっています。しかも、もちろん会話も盛り上がっています。

したがって、相手に何らかのアドバイスをしたいと思ったときでも、いきなり相手の感情を無視してアドバイスするのではなく、「わかる！」と相手の感情に共感するプロセスを踏んでから、話を前に進めてみましょう。そうすると、雑談も盛り上がり、アドバイスも受け入れてもらえるので、一石二鳥です。

ちなみに、雑談は「内容のある話でなくてもよい」というだけで、「内容のある話をしてはいけない」わけではありません。その点だけ、誤解しないでくださいね。

相手のキャラを引き出す技術 3

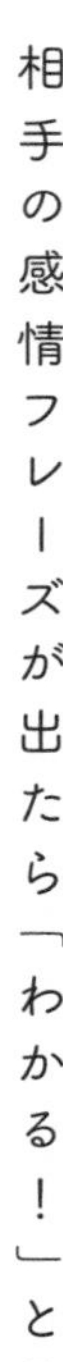

相手の感情フレーズが出たら「わかる！」と共感する

つまらない人は
「心にもないこと」
でほめる
おもしろい人は
「目に見えること」
をほめる

雑談では、「相手をほめる」ことも会話を盛り上げる重要なアクションです。

でも、闇雲にほめても、どこか嘘っぽくなってしまって、場がしらけてしまうこともありますよね。こういうときに役立つインプロの格言があります。

それは、**「Be present」**という言葉です。

意訳すると、「今、自分の目の前にあることにだけ集中しなさい」という意味です。

目の前にないモノやことについて話しても、共演者もお客さんも、そのことを完全に理解できる可能性が非常に低く、そうすると話のリアリティが失われてしまいます。

だから、雑談の上手な人は、今、自分の視界に入っている目に見えることについて、本心から感じたことにもとづいて、相手をほめます。

一方、雑談の苦手な人は、目にも見えないこと、もっと言えば、心にもないことを言って、相手をほめようとしてしまいます。次の会話例を見てください。

A　**「すごくおしゃれなメガネですね！」**

B　**「え、そうですか？　ありがとうございます。でも、そんな大したもんじゃないですよ」**

A　**「そのフレーム、何でできてるんですか？」**

B「あ、実はこれ、竹でできてるんです！　ちょっと珍しいんですよ（笑）」

A「へ～、すごい！　職人さんの手作りですか？　見せてもらっていいですか？」

B「大丈夫ですよ！（わざわざメガネを取り外し、Aさんに渡す）」

A「ありがとうございます。うわ～、間近で見ると、さらにおしゃれですね！」

B「いや、それほどでもないですよ（笑）」

Bさんはおそらく恥ずかしがり屋タイプなのでしょうが、とても嬉しそうですね。

注目してほしいのは、**Aさんが「フレームをほめている」点です。**

「Bさんのメガネのフレームが普通の眼鏡とはちょっと違う（その上におしゃれである）」というのは、その場で確認できる「目に見えること」です。

その場の事実にもとづいて語っているので、Aさんの発言は嘘がなくリアルに聞こえます。だからBさんはAさんの言葉をすんなり受け入れ、雑談が盛り上がるのです。

一方、目に見えないあいまいなことでほめようとすると、どうなるでしょうか。

A「最近Bさん、会社でご活躍されてるんですってね！」

B「え、僕がですか？　全然そんなことないと思いますよ」

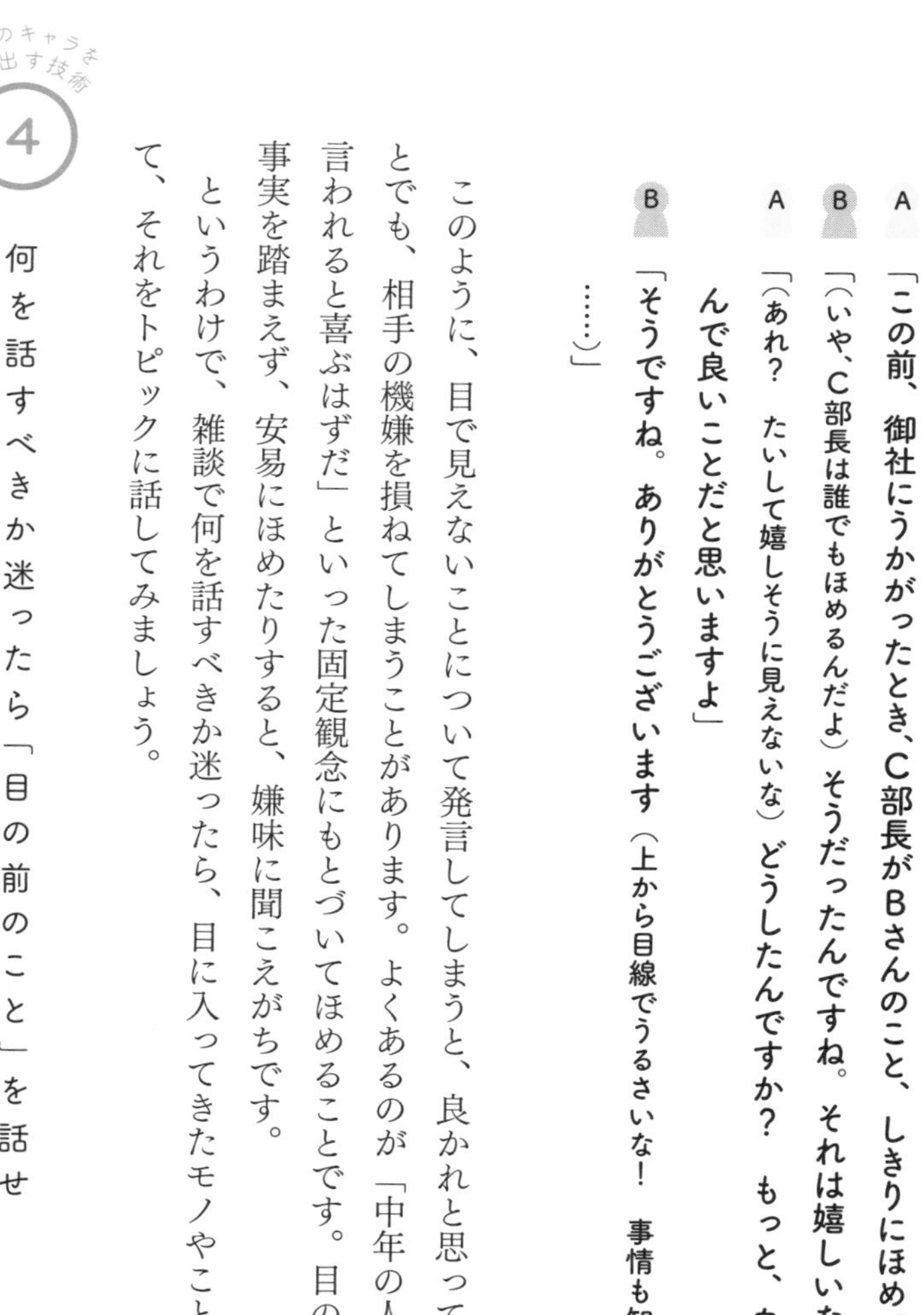

A「この前、御社にうかがったとき、C部長がBさんのこと、しきりにほめてましたよ」

B「（いや、C部長は誰でもほめるんだよ）そうだったんですね。それは嬉しいな」

A「（あれ？　たいして嬉しそうに見えないな）どうしたんですか？　もっと、自信持って喜んで良いことだと思いますよ」

B「そうですね。ありがとうございます（上から目線でうるさいな！　事情も知らないくせに……）」

このように、目で見えないことについて発言してしまうと、良かれと思って発言したことでも、相手の機嫌を損ねてしまうことがあります。よくあるのが「中年の人は、若いと言われると喜ぶはずだ」といった固定観念にもとづいてほめることです。目の前に見える事実を踏まえず、安易にほめたりすると、嫌味に聞こえがちです。

というわけで、雑談で何を話すべきか迷ったら、目に入ってきたモノやことにもとづいて、それをトピックに話してみましょう。

相手のキャラを引き出す技術 4

何を話すべきか迷ったら「目の前のこと」を話せ

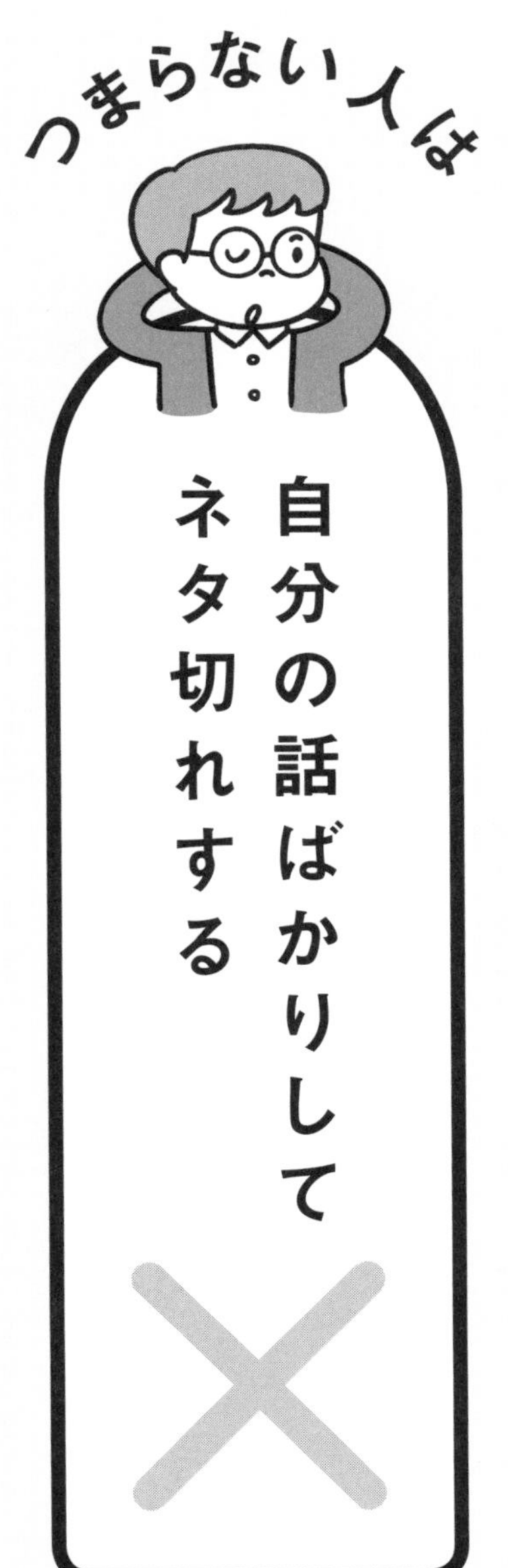
つまらない人は
自分の話ばかりして
ネタ切れする
×

おもしろい人は
相手の話を広げて
ネタが尽きない
○

雑談のよくある悩みに、**「ネタ切れ」**があります。

お互いの共通点や好きなことをしゃべり切った後に、「あれ、もうこれ以上、話すことないや……」となる人は少なくないようです。

第1章で、話題はひたすら並列するよりも、1つの話題を深掘りする方がよい、という話をしました。もちろん相手のキャラクターを引き出す上ではそれが基本なのですが、話題が尽きて雑談が続かなければ意味がありません。

そこで、別の話題に移るために、**「新しい情報を引き出し、話題を横に広げること」**も必要になります。新しい情報を引き出して「横展開」することのメリットは、様々な情報を収集し、その中から「ここが一番盛り上がるだろう！」という話題を絞（しぼ）れることです。

一方、情報を掘り下げることには、1つの事柄に対して、情報を深掘りすることで、キャラクターに関する情報が得やすいというメリットがあります。したがって、この「横と縦」、それぞれの話題の展開方法は実はセットのようなものでもあるのです。

というわけで、次の同じ会社の社員のAさんとBさんの会話例を見てください。

A　「おはようございます。今日は、10月だというのに暑いですね」

B「そうですね。暑いですね」

A「朝から暑かったんで、**私、今日は上着着てこなかったんです。**けど、よく考えたら、夜は寒いかもって心配してるんです」

B「わかります。**私は寒がりなんで、**朝からしっかり着込んできました」

A「**Bさん、寒がりなんですね！**うちの会社、今日も結構エアコン効いてますけど、大丈夫ですか？」

B「いいえ、実は全然大丈夫じゃありません（笑）。冬が寒いのは仕方ないとしても、夏場のエアコンの寒さは本当に苦手で、だから年中、上着が手放せなくて苦労していて……（以下、Bさんの寒がりトークを中心に盛り上がる）」

A「……いや～、本当に寒がりだと大変ですね。それにしても、**社内のエアコンの温度設定とか空調管理って、誰がしているんでしょうね？**ビル側ですかね？だとしたら、このビル全体が、結構エアコン効いているんですかね？」

B「誰でしょう。ビル側じゃないですかね。でも、**実は私、そろそろ本店に異動するんですよ。**だから、この寒いビル問題からも、解放されるんですよ」

A「**本店に異動されるんですね！**おめでとうございます。ご栄転ですね！」

B「いえいえ、そんないいものじゃないですよ。でも、ここには4年もいましたから、

愛着もありますけどね。でも実際、早く本店に行ってみたいですね。実は本店勤務だと……（以下、Bさんの本店への異動トークを中心に盛り上がる）」

この会話例の中では、「情報の横展開と縦掘りの使い分け」がうまくなされています。

まず、Aさんは「天気」の話を振りますが、Bさんからは特に新情報が返ってこなかったので、すぐに「服装」の話題にスライドします。すると、Bさんからは「寒がり」という新情報を得ることができたので、そのまま「寒がりトーク」を続けます。

そして、しばらくの間、寒がりトークで盛り上がったところで、少し話題をスライドさせて「ビルの空調管理」の話題を振ってみます。すると、今度はすんなり「Bさんの本店への異動」という話が出てきたので、それに合わせて再び「本店への異動トーク」を続ける、といった具合です。

つまり、雑談のネタが尽きない人は、相手の新情報を引き出せるまでは、適当な話題を振っているだけなのです。Aさんから振っている話題は、「天気」「服装」「ビルの空調管理」といった当たり障りのない話題ばかりです。

しかし、相手の新情報が出るたびにきちんと拾っていますし、何より話題が尽きる前に自分から話題をスライドさせています。きっと話している量はBさんの方が多いでしょうが、雑談の主導権はAさんが握っています。

このように、会話のネタ切れを起こさないためには、**「他愛のない質問でもいいから、相手にしてみる」「そこで出てきた相手の反応を見逃さない」ことが重要です。**

だから、ネタ切れで困ったときほど、「何でもいいからとにかく質問して、話題をスライドさせる」と心がけておけばいいでしょう。

「何でもいいと言われても難しい……」という人は、**その会話の直前の情報をスライドさせる**という意識を持ってみてください。会話例の中では、「天気→服装」「寒がり→ビルの空調管理」といった直前の話題から違和感のないスライドが自然と行われています。これくらいの話題の横展開であれば、やりやすいはずです。ぜひ参考にしてみてください。

相手のキャラを引き出す技術 5

ネタ切れは「話題のスライド&とにかく質問」で回避!

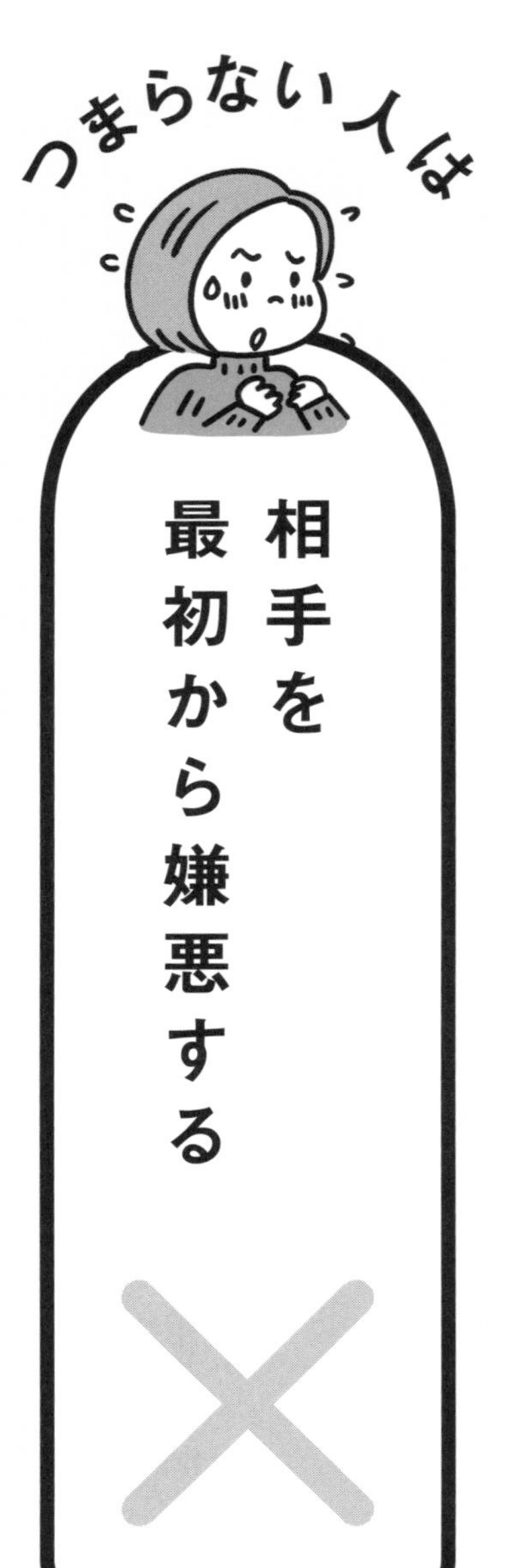
つまらない人は
相手を
最初から嫌悪する

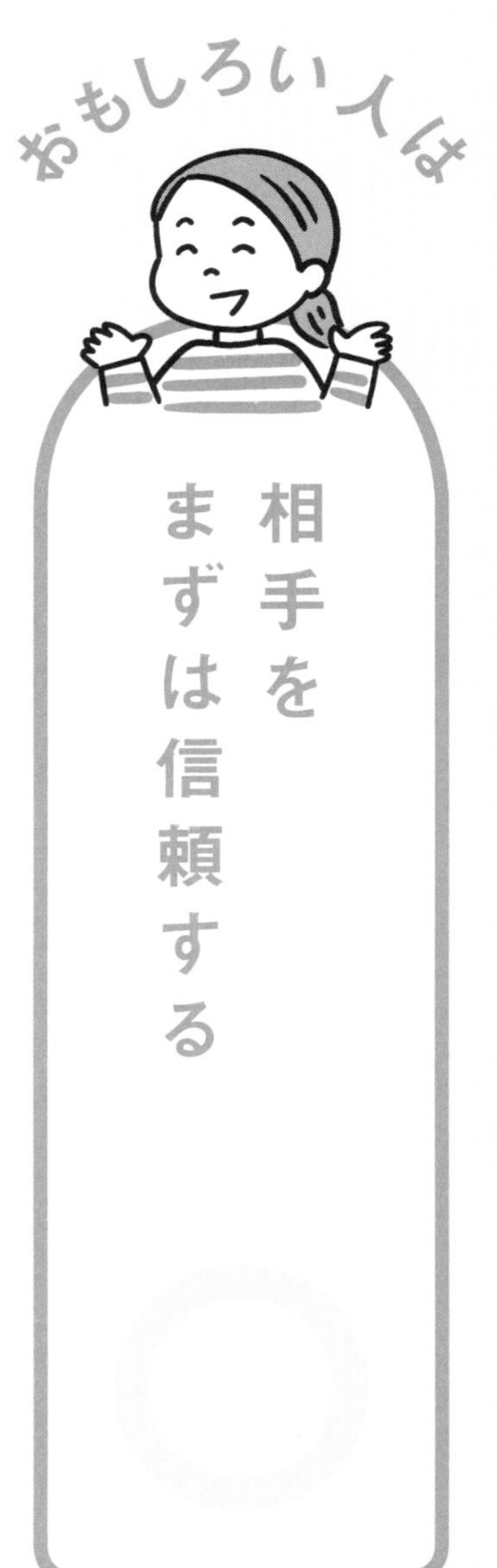
おもしろい人は
相手を
まずは信頼する

雑談が苦手な人の中には、「そもそも他人を信用していない」という人がいます。

このような人は、「私のことをわかっていない人に、色々と言われたくない」「雑談中に説教モードに入られたら最悪！」と思っているので、なるべく雑談を避けています。


雑談が苦手というと、どんな話題を話せばいいかとか、会話を途切れさせないためにはどうすればいいかといった、自分の会話技術にまつわる悩みが取り上げられがちです。

しかし、実際には「下手にいじられたくない」「厄介な雑談相手をコントロールできない」といった、雑談相手にまつわる悩みも数多くあります。


ただ、何度も言っているように、雑談は相手のキャラクターを知ることから始まる部分も多いので、ただ相手を嫌悪しているだけでは有意義な雑談はできません。

だから、**まずは相手を無条件に信頼する**ことが、よい雑談の条件なのです。


そもそも、相手があなたに何か話題を振ってきているとき、その人自身は何か理由があって、それをあなたに話しているはずです。

あなたがその話題に食いついてきそうだと予想して話しかけているのかもしれません

し、ただ単に自分の好きな話題だから話しているという人もいるでしょう。いずれにせよ、何かそこには理由があるはずです。

それを理解した上で、**その相手の思考を一旦受け入れてしまいましょう。**

その思考や理由が自分にとっては理解できないものであっても、一旦「Yes」と心の中で唱えて、それを飲み込む。

なぜなら、自分とは思考やカルチャーが違う人の言動に違和感を覚えたとしても、あくまで、それが相手のキャラクターだからです。

そのときは、相手のキャラクターを把握するという意味で、相手が自分とどれほど思考が違う人間なのだろうかという、ちょっと俯瞰的な目線で雑談をしてください。

そうすると、その雑談の相手が、体育会系の人物、ナルシストな人物、甘やかされて生きてきた人物、素人お笑い評論家など、どういった傾向の人物なのかが見えてきます。

すると、どういった理由であなたがその人を苦手と感じているのかがわかります。そうすれば、その人とどう接すればいいかも見えてきますし、そもそも気持ちがラクになります。これが一旦相手を信頼するということです。

もし、相手が相当な悪意を持って嫌な話題を振っている場合は、少し嫌な顔をして「その話は勘弁(かんべん)してください」と、はっきり言いましょう。そこまで妥協する必要はないですし、これはこれで、自分のキャラクターを相手に発信するという、非常に重要な行動です。

なぜ、社長には雑談が上手な人が多いのか？

さて、話は少し変わりますが、明治大学教授の齋藤孝さんが、**「社長の仕事は雑談と決断」**と述べられています。

これをインプロ的に解釈すると、2つの理由があげられます。1つは、社長は相手のキャラクターをつかみ、適材適所に配置しなければならないからです。

そして、もう1つの理由は、社長は自分の好き嫌いに関係なく、様々な人の力を借りる必要がある立場なので、自分の苦手な人のキャラクターを把握し、上手に関わっていかなければならないからです。

つまり、社長の仕事は、基本的には「誰に何をさせるかを決断すること」なのですが、そのために、雑談を通じて、「この人はどういう性格なのか？」「あの人は、どういうことなら興味を持って取り組めるのか？」といった、様々な人のキャラクター情報を日々収集しているというわけです。

だから、優秀な社長ほど、器が大きく、部下のやる気を上げるのもうまく、取引先の嫌味もノラリクラリとかわして最終的に味方にしてしまう、そんな傾向があるのです。

こうしてみると、社長として成功するかどうかに、学歴なんて一切関係ない理由がわかります。「人や組織を動かす」という仕事こそ、実力勝負ではなく、「コミュ力勝負」でしか戦えない世界だと言えるでしょう。

雑談が上手な人がビジネスも成功するのには、こういう側面もあるのです。

相手のキャラを引き出す技術 6

雑談を通じて、好き嫌い関係なくキャラクターを把握せよ

つまらない人は
あいづちを打たずに
語り出す
×

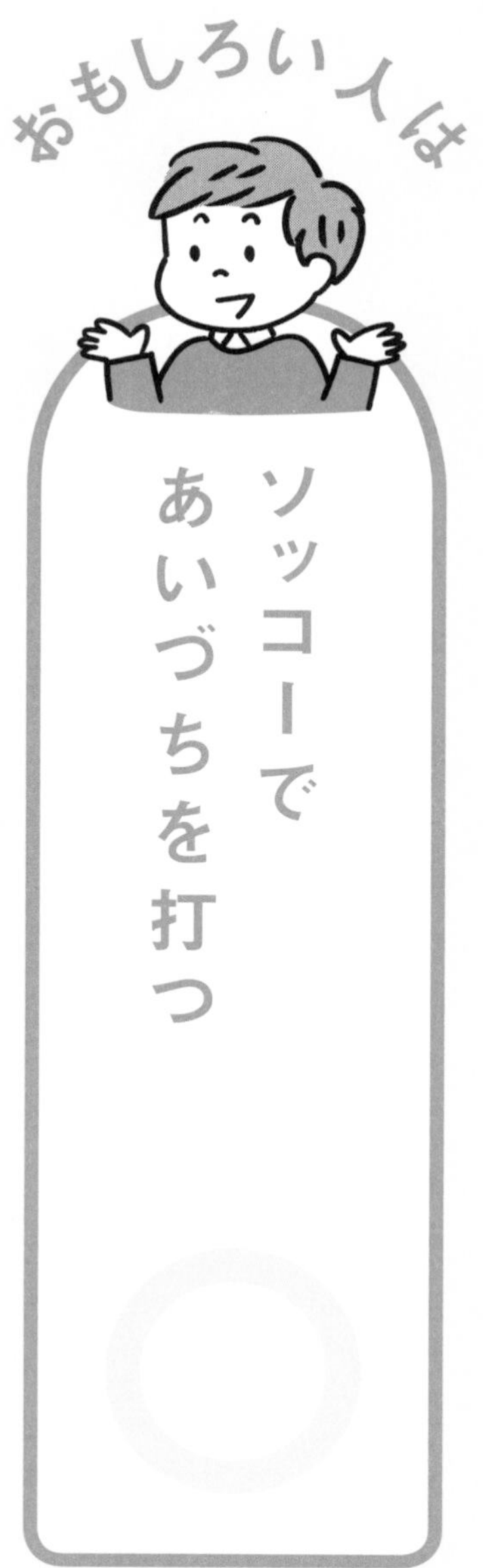
おもしろい人は
ソッコーで
あいづちを打つ
○

この章の最初に「肯定的なリアクションをしてくれる人を、人は話しやすい人と感じる」という話をしました。そのリアクションの中でも、もっとも相手に伝わりやすいのが**「あいづち」**です。

しかし、雑談がつまらない人は、短い受け答えだけでは失礼ではないかと思い込み、何か話さなくてはと、自分の話をしがちです。その結果、相手が話しはじめているのに、その話をしっかり聞かず、相手の発言にインスピレーションを受けて、「そ、そうですね、私は〜」と自分の話をしたりするのです。

一方、雑談がおもしろい人は、一言での受け答えがNGだとか、そんな複雑なことは考えていません。とりあえず、数パターンあるあいづちのどれかを、即座に発しているだけだったりします。

次の会話を見てください。

A 「昨日、久々に実家に帰ったんだ」

B 「(実家ネタを振られたけど、話すことあるかな?) へー、そうなんだ。僕は最近、実家に

Ａ　いつ帰ってたかな〜。えーと、去年の正月ぐらいだったかな？」

Ａ　「（いや、そんないきなり自分の話を挟まなくても……）結構、帰ってないね。それで、うちの実家に帰ったら、家の中がガラリと変わってて、畳の部屋にソファーとか置いちゃってて（笑）」

Ｂ　「それ聞いて思い出した！　僕の実家も、見るからに洋風のカーペットを畳の上に敷いてたんだ！　変だから、注意してやったんだけどさ（と自分の話を続ける）」

Ａ　「（あーあ、この人には、話そうと思ったこと、最後まで話せなそうだな……）」

ここでＢさんは、短い受け答えではリアクションが足りないと考えて、自分の話をしているのですが、それが逆効果になっています。

Ｂさんはあいづちのノリも悪く見える上に、自分の話をちょこちょこ入れてくるので、Ａさんは話しはじめた話をテンポよく話すことができません。Ｂさんは真面目に話しているつもりなのですが、これではとてももったいないですよね。

この会話が、たとえば次のような流れになると、どうでしょうか。

Ａ　「昨日、久々に実家に帰ったんだ」

B「（とりあえず前のめりに）ふーん、そうなんだ！」

A「そうなんだよ！　そしたらさ、家の中がガラリと変わってて、畳の部屋にソファーとか置いちゃってて（笑）」

B「（笑いながら）それはすごいね！」

A「そうそう、本当おかしいよね〜！」

Bさんは、とりあえず感情を込めて、すぐにあいづちを打っているだけです。発言の中には何の情報もありません。しかし、それだけで、雑談の雰囲気が大きく変わってきます。これがリアクションの力なのです。

「あいづち＋α」で会話を広げる

この「すぐにあいづちを打つ」という習慣がついてきたら、その上で相手の話をさらに広げる一言を入れる練習もしましょう。

ここでも前章でご紹介した**「Yes, and」**のテクニックが使えます。つまり、感情を込めたあいづちの後に、するりと質問を入れ込むのです。

A「昨日、久々に実家に帰ったんだ」

B「(前のめりな雰囲気で)ふーん、そうなんだ! 実家、練馬だったよね?」

A「そうそう。近いからいつでも帰れるんだけど、そう思うと逆に帰らなくって(笑)。で、聞いて! 帰ったらさ、家の中がガラリと変わってて、和風の畳の部屋に、全然似合わない、すごい洋風のソファーとか置いちゃってんの!(笑)」

B「(笑いながら)それはすごいね! それ見て、家族には、なんて言ったの?(笑)」

A「とりあえず親父に、『いつ、このソファー買ったの?』って聞いたのね。そしたら、『母さんが3ヶ月前ぐらいに買ってきたんだけど、あいつは、やっぱりセンスが良いよな!』ってありがたがってた(笑)。お似合いな夫婦だよね(笑)」

いかがでしょうか。ここまでくると、かなり積極的で盛り上がっている感じの雑談が行われている印象を受けると思います。

実は、所ジョージさんや、明石家さんまさんなどの有名司会者は、こうした「あいづち+α」の返しを適宜行っています。つまり、「あいづちの天才」なのです。

ひな壇にいるタレントや芸人さんのコメントはすかさずあいづちで拾い、小難しいと言われるほどうんちくを語るわけではなく、かといって、無視するわけでもない絶妙な塩梅（あんばい）でコメントをしています。

今度、所ジョージさんや、明石家さんまさんの番組を見たら、どんなあいづちを打っているかに注目して見てみると、発見があるかもしれませんよ。

何はともあれ、まず「あいづち」！

つまらない人は

「聞くに徹すればOK」と雑談中に思っている

×

おもしろい人は

「相手との共同作業」が必要だと思っている

○

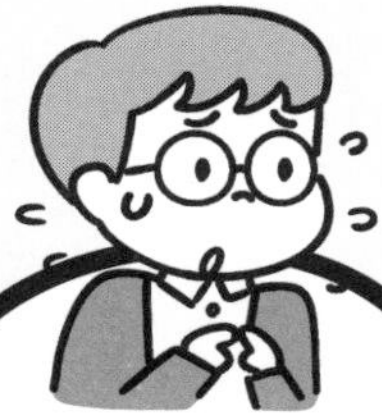

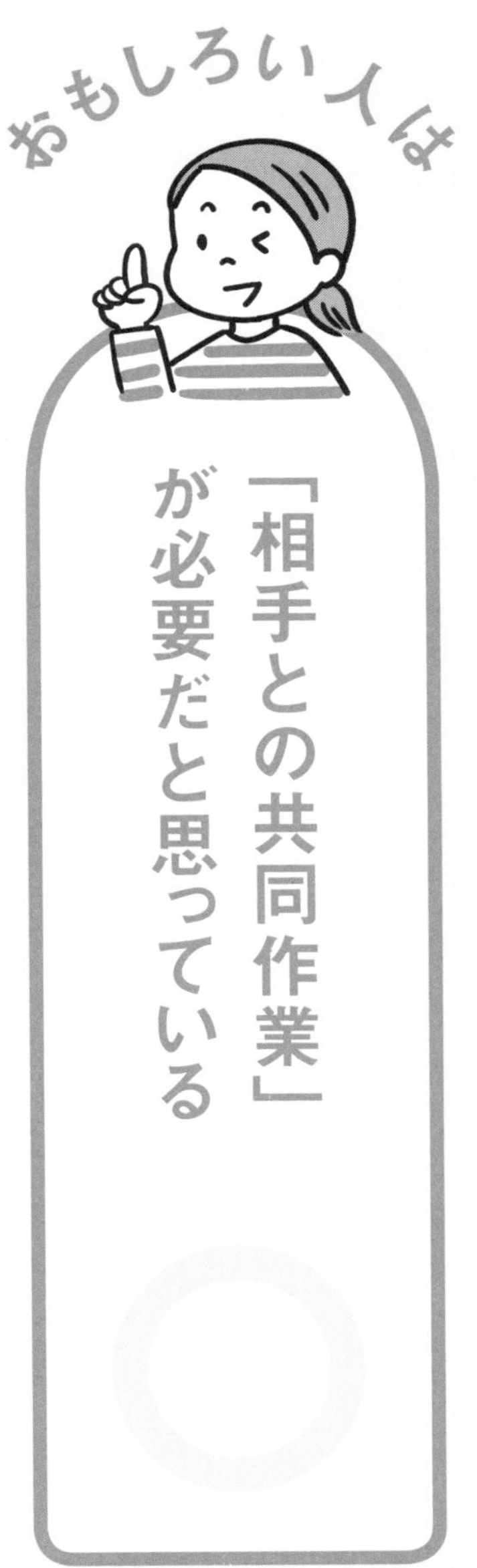

一般的に、雑談に関する書籍には、相手になるべく話させて、自分の話す量は相手よりも少なめにするべきと書いてあります。

もちろん、それは重要な視点です。しかし、世界中の人が相手に話させることを徹底したら、ものすごく無口な世界が広がるだけになってしまいます。

インプロ的な解釈では、雑談は**「参加者全員の共同作業になっていること」**が重要です。なぜなら、話し手の側が「自分の話を聞いてくれているな」と実感するためには、受け手の食いつきが重要だからです。だから、話の量がどうこうというよりは、きちんと会話がキャッチボールになっていることの方が大切です。

どんなに、自分が少なく話し、相手が多く話したとしても、共同作業になっておらず、話が嚙み合っていなければ、その雑談は全員に苦痛や退屈を与えるだけになってしまいます。次の、とある夫婦の会話例を見てください。

妻　**「あら！　夜の10時だっていうのに、隣のお子さんがまたピアノ弾いてる。非常識ね」**

夫　**「たしかにね」**

妻「他人の迷惑も考えずに、こんな時間に楽器弾いちゃって……。注意しても無駄そうよね、逆恨みされても怖いし」

夫「たしかにうるさいな」

妻「そもそも私、音楽とか、好きじゃないのよ。全然寝れないじゃない」

夫「まあね～」

妻「ちょっと！　さっきから、全然真面目に人の話聞いてないじゃない！　こんなに私が困ってるのに」

夫「いやいや。ちゃんと聞いてるし、話してるじゃん」

妻「ピアノより、あたしの方がうるさいって思ってんでしょ。あんた！」

妻はベーシックな愚痴(ぐち)系の雑談ネタを夫に振っています。それに対して夫は、妻に雑談の主導権を渡し、話す量も控(ひか)え目にしています。

それにもかかわらず、妻は大激怒なわけです。その理由は、この2人の会話が、卓球のラリーのような、2人の共同作業になっていないからです。

今回の例文では、共同作業になっていない理由は、夫側のそっけないあいづちにもありますが、妻の側がマシンガントークになりすぎた場合も、こういうことはよく起きます。

そうなると、夫は妻の強烈な雑談サーブに対して、ラケットに球を当てるのが精一杯という感じになってしまいます。

困ったらとにかく「Yes, and」で乗り切ろう！

では、どうすればよいのかというと、**王道の「Yes, and」テクニックです。**

つまり、相手の話に同意を示しつつ、その後に自分の意見や質問を付け加えればいいのです。その場合、先ほどの会話がどうなるのかを見てみましょう。

妻「あら！　夜の10時だっていうのに、隣のお子さんがまたピアノ弾いてる。非常識ね」

夫「たしかにね。**ちょっとうるさいよね**」

妻「そうよね。他人の迷惑も考えずに、こんな時間に楽器弾いちゃって……。注意しても無駄になっちゃいそう、逆恨みされても怖いし」

夫「そうだね。**どうしたらいいんだろうね？**　とりあえず、音もだいぶ小さくなるだろうし、窓、閉めておくか（と言って窓を閉める）」

妻「ありがと。でも、ちょっと暑くない？」

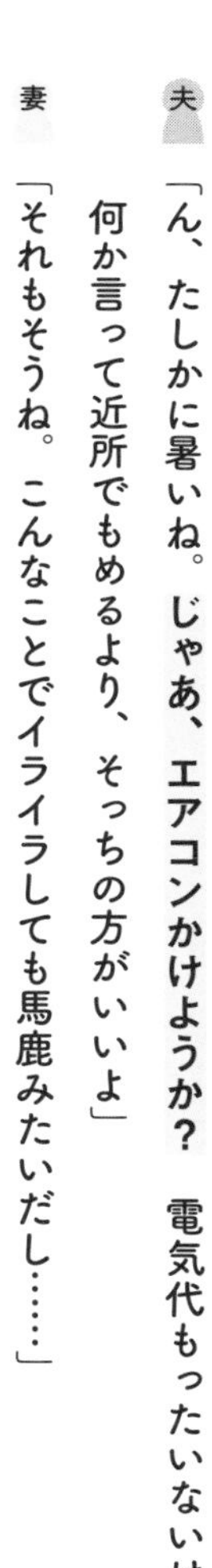

いかがでしょうか。けんか腰の雑談が、お互いのキャラクターを理解し、コミュニケーションがうまく取れている夫婦間のやり取りに変わった気がしませんか？ 夫側はあいづちに加えて、自分の意見や質問を織り交ぜています。これだけで、会話が共同作業感のあるものになり、雑談も弾むはずです。

というわけで、話の量よりもとにかく「会話のキャッチボール」がうまくできているかどうかを気にしながら、雑談をするようにしてみてください。

相手のキャラを引き出す技術

8 「Yes, and」で雑談の共同作業感を出す

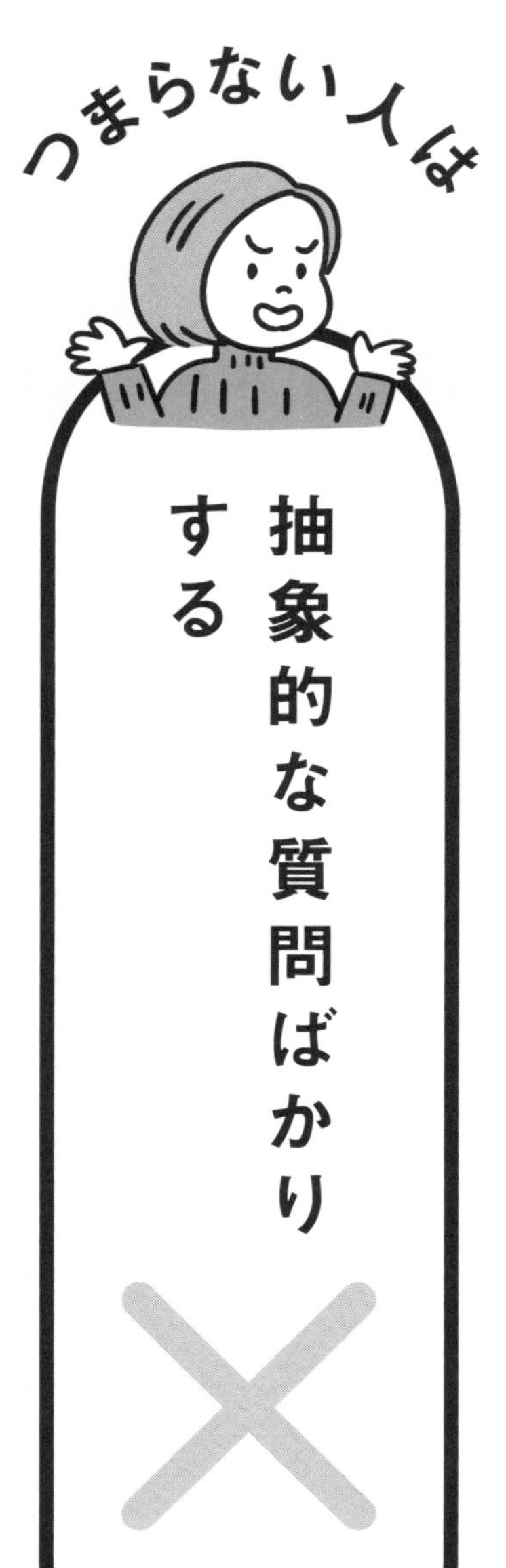
つまらない人は
抽象的な質問ばかりする

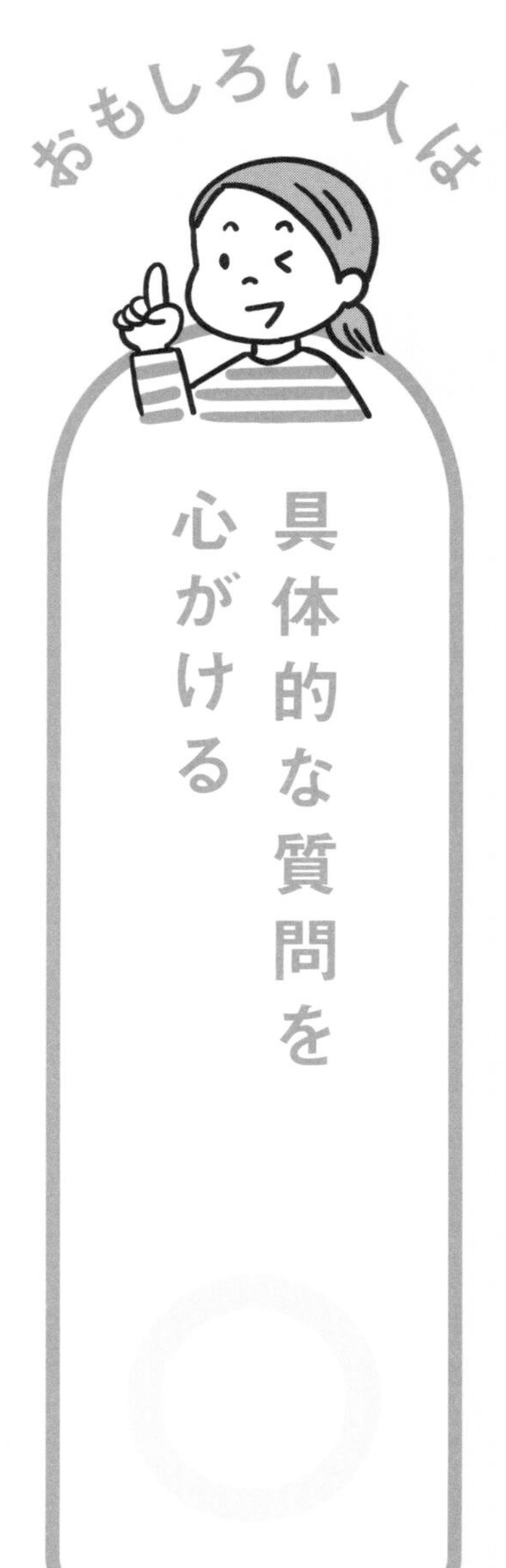
おもしろい人は
具体的な質問を心がける

雑談は卓球のラリーのようなものなので、相手が打ちやすい球を打ってあげる必要があると言いました。しかし、これだけ聞いて、コツをつかめる人はごく少数です。

次の会話例を見てください。これは、子どもの頃の私が、酔っぱらって帰ってきた父と、よく繰り広げていた会話です。

私「おかえりなさい」

父「おう。**今日、学校はどうだったんだ?**」

私「どうって言われても。うーん、別に……」

父「なんだお前、反抗期か? 楽しかったとか、勉強がんばったとか、**何かあるだろ?**」

私「え? うーん、じゃあ、今日は楽しかったかな」

父「楽しいっていうのは、休み時間のことだろう。**勉強はどうだったんだ?**」

私「まあ、人並みに勉強してきたよ」

父「人並みに勉強したじゃあ、周りと差がつかないだろう。**お前は勉強について、どう考えてるんだ?**」

私「うーん、別に特に……。もう少し、がんばるよ……」

いかがでしょうか。マーカーを引いた父の質問部分のように、「○○は、どうだったんだ？」という大雑把な質問をされると、「何を答えたら良いんだろう？」と考えなければならないので、相手は質問に答えにくいと感じます。その結果、会話が盛り上がらず、テンションも自然と下がってしまいます。

ですから、**テンポよく雑談するためには、相手が即座に答えやすい、答えの範囲を狭めた質問にしましょう。**

この現象について、私はよく「塗り絵のたとえ」で説明します。

多くの人は、いきなり画用紙に絵を描いてと言われても、そんなにサクサク絵を描けません。ですが、これが塗り絵なら、線画の部分は決まっているので、簡単に何らかの色を塗ることができます。

したがって、雑談に限らず、相手に答えてもらいたい、動いてもらいたいときには、必ず答えの範囲を狭めた質問をするようにしましょう。

というわけで、小さい頃の私にそんな答えの範囲を狭めた質問をよくしてくれた、母親との会話を紹介します。

私「ただいま！」

母「おかえり。朝、リコーダー忘れたって言って、一度取りに帰ってきたけど、**学校は間に合ったの？**」

私「遅刻しちゃった……」

母「ちゃんと準備しないで、ギリギリに出るから、そうなるんでしょ。**先生には、怒られた？**」

私「そんなに怒られなかったけど、時間割をよく確認しなさいって言われた」

母「え？　**時間割も何か間違えたの？**」

私「音楽の授業は、明日だった」

母「馬鹿だね〜、あんたは（笑）。明日からしっかりしなさいよ！」

私「はーい」

マーカーを引いた母の質問部分に注目してください。

これらの質問は、答えようと思えば、すべてＹＥＳかＮＯで答えることができます。

そのため、複雑な説明を頭の中で構築できない子どもであっても、簡単に答えることができるわけです。

ですから、もし、あなたが誰かに気を使って話しかけたのに、何だか、相手がノリよく話してくれないと感じたときには、意識的に、答えの範囲を狭めた、答えやすい質問をしてみてください。

そうすると、今まで「うーん、どうでしょうね？」というリアクションしか見せてくれなかった人が、案外、積極的に話を自分から語ってくれたりするかもしれませんよ。

質問はなるべく「答える範囲を狭く」する

第3章

自分のキャラクターをうまく伝える技術

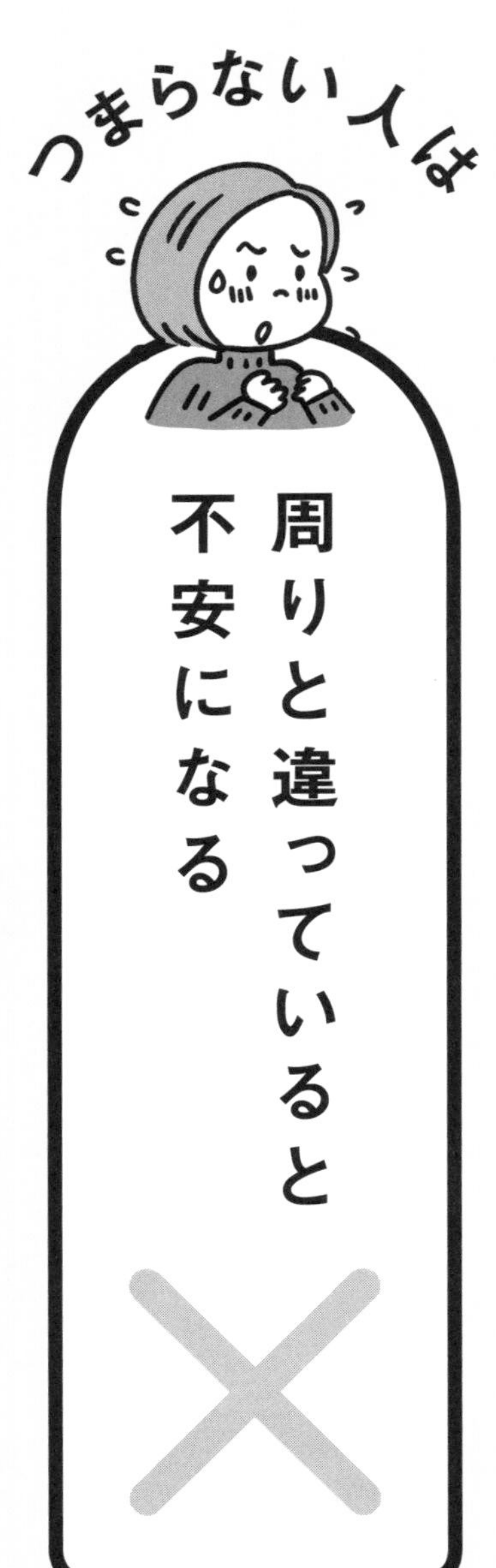
つまらない人は
周りと違っていると
不安になる

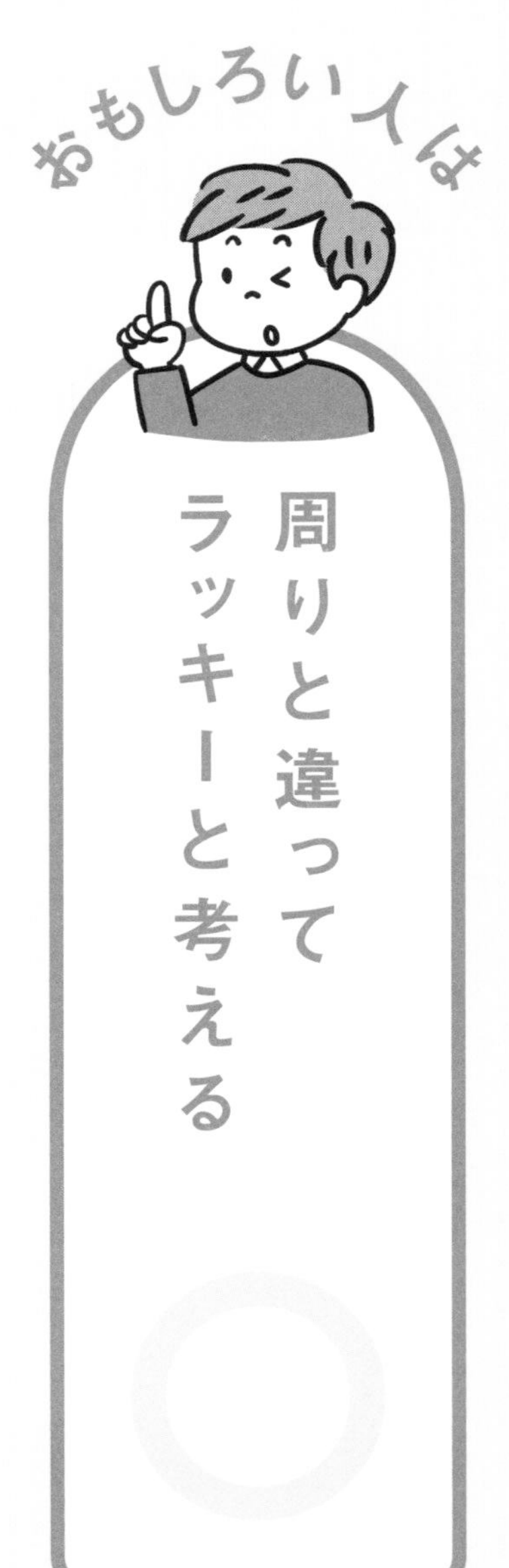
おもしろい人は
周りと違って
ラッキーと考える

多くの人は、当然ですが、自分のことに非常に強い関心があります。
さらに、他人が自分をどう見たり、どう評価したりしているのかも気になるので、「他人からこう見られたい」という理想のキャラクターを抱いています。その「理想のキャラクター」の種類が、雑談のおもしろい人とつまらない人では、実は大きく違うことがよくあります。

雑談がおもしろい人は、一言で言えば、「周りと違う自分でいたい」と思っています。
一方、つまらない人は「周りとなるべく同じでいたい」と思っています。
だから、同じような会話をしていても、次のような違いが発生してしまうのです。

A「Bさんの私服、はじめて見ましたけど、独特なの着てますね!」
B「でしょ! LAに旅行に行ったとき、古着屋で見かけて、即買っちゃったんだ」
A「すてきです! とってもおしゃれ! でも、日本だと目立ちませんか?」
B「(どこか嬉しそうに)**そうですか? 目立ってたとしても、こうやって話のネタにもなるし、ちょうどいいですよ(笑)**」
A「じゃあ、むしろ好都合ですね! Bさんが普段、こんな服着るってわかって、それだけで今日は良かったです」

B「あはは！　そんなにAさんの印象に残ったなら、この服を買ったかいがあって、本当よかった！」

この会話を見ただけでも、Bさんは、自分に自信があるのがわかると思います。

Aさんは好奇心で、Bさんの服装に関して、色々とツッコんできますが、それをすべて肯定的に受け入れているので、楽しく雑談が進みます。

特に、マーカー部分は、自分の個性を武器にして、雑談をさらに広げています。

つまり、**Bさんは、自分が「派手である（変わっている）」というキャラクターであることを自ら開示することで、会話が弾むことを知っているのです。**

では、このBさんが、「周りとなるべく同じでいたい」と考えている場合の会話例を見てみましょう。

A「Bさんの私服、はじめて見ましたけど、独特なの着てますね！」

B「えっ、あっ、その……。LAに旅行に行ったとき、つい勢いで……」

A「すてきです！　とってもおしゃれ！　でも、日本だと目立ちませんか？」

B「（うわー、絶対変な人って思われてる）ははは……。どうですかね……」

A「絶対目立ちますよ！　Bさんは、おとなしいイメージでしたけど、普段の服装は派手なんですね～」

B「（いや、そんな風に他の人に話さないでー）いやいや、今日はたまたまですよ（汗）」

先ほどとまったく同じシチュエーションですが、Bさんはこの雑談で苦痛を感じていて、Aさんのツッコミをことごとく、目立ちたくないからという理由で受け入れないようにしていて、拾っていません。だから、それほど会話が盛り上がっていません。

このように、同じ服を着て、同じAさんと会話をしていたとしても、Bさんの心の持ちようひとつで、雑談の盛り上がりは一気に変化してしまいます。

日本人は、基本、シャイな人が多く、人と一緒であることが正解だと思っています。

ですから、ちょっと「他人と違うね」というツッコミを受けただけで、途端に自信がなくなってしまうことがあります。

しかし、**人間的な魅力というのは、他人と違うから発生するものです。**

さらにインプロ的な雑談の視点で言えば、相手と自分のキャラクターが異なるから、その差異によって会話が盛り上がるのです。相手と自分がまったくの同一人物であれば、会話が盛り上がるわけがありません。

失敗よりも「成功」の数を数えろ！

とはいえ、頭でわかっていても、恥ずかしいものは恥ずかしいもの。では、どうしたら良いのかというと、**「減点方式から加点方式に頭を切り替える」**しかありません。

そもそもコミュニケーションは「加点方式」です。そつなく会話をこなしても、印象に残る部分がなければ、その会話はなかったも同然です。

だから、「どれだけ盛り上がるポイントを作れたか」の方が重要です。そうしたポイントを作ることができれば、失敗の1つや2つ、帳消しになります。

相手にツッコミを受けて、自分の恥ずかしい部分を指摘されても、それであなたの印象が明らかに下がるということはありません。

さて、インプロでは音楽をかけて、それが止まった瞬間にポーズを作るエクササイズがあります。それをすると、最初のうちは人がいる前でポーズを作って止まると、必ず、人と違うことをする羽目（はめ）になるので、恥ずかしいと感じます。

しかし、自分でも何度もポーズを作りながら、周りの人の作るポーズを見ていくと、「人によってポーズが違うのは当たり前だよな」と感じて、慣れてきます。すると、最初に抱いていた恥ずかしさはどこかに消えていきます。

そして、最終的には、「人はみんな違うのが当たり前」ということを体で感じて、人と違うポーズを作る楽しさを感じ始めるという状態になっていきます。

こういうエクササイズに参加すれば、人と違うということにすぐ慣れることができます。しかし、こうしたインプロの授業に参加できない方は、**何か1つ、他の人からイジられそうな服、小物などを身に着けてみましょう。**

そうすれば、「派手ですね！」「キャラ濃いな！」などとイジられても、自分があえて用意したポイントでイジられているので、何とも思わなくなります。また、案外、自分が思うほど、他人が自分に対して注目していないことにも気づくはずです。

その結果、「他人はこんな風にツッコミを入れてくるのか」「イジられるって、結構おいしいな」と思えるので、自分のキャラを伝えることに苦手意識のある人にはおすすめです。

自分のキャラを伝える技術 1

「イジられるおいしさ」を知るべし

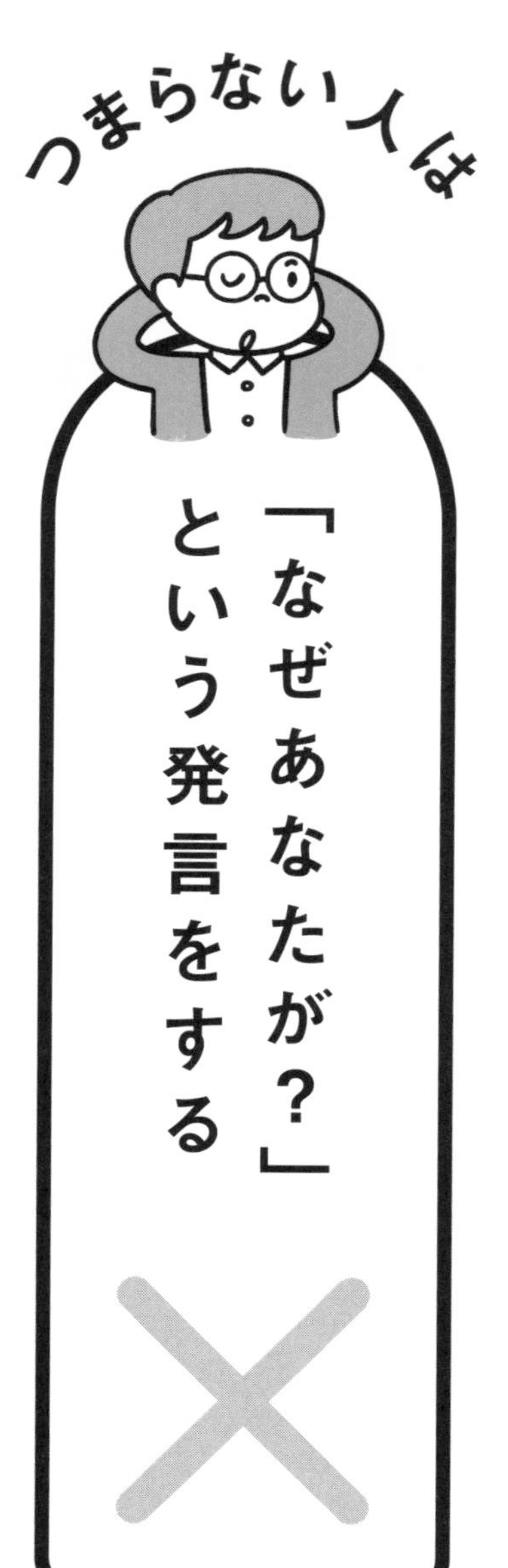
つまらない人は
「なぜあなたが？」
という発言をする
×

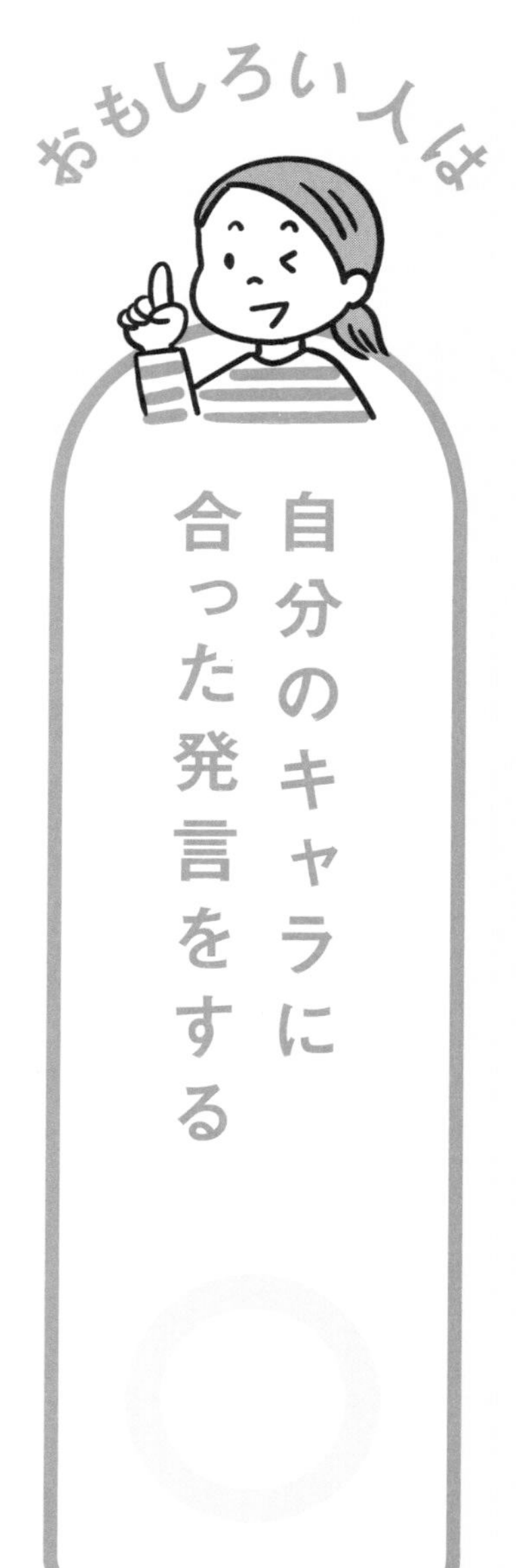
おもしろい人は
自分のキャラに
合った発言をする
○

しかし、その共感はリアルな体験を元にしたものでないと、逆に相手が違和感を覚えて、会話が盛り上がらないことがあります。

その理由は、想像力の世界で共感したに過ぎないことを、あたかもリアルに共感したように話すと、相手は嘘をつかれたように感じてイライラしてしまうからです。

次の会話例を見てください。これは失恋で苦しむとある男子と、その姉の会話例です。

弟「本当につらい。マジ、死のうかと思うぐらいつらい……」

姉「そうそう、失恋してつらいときは、素直につらいって言った方が楽になるよ」

弟「少し前、友達が失恋して泣いてたとき、すげー馬鹿にしてたけど、今ならあいつの気持ちがわかる……」

姉「そういう心の傷も、絶対、時間が解決してくれるから、気長にいくしかないんだよ。経験を重ねれば、いずれ忘れて、前を向いて生きていけるよ」

弟「(怪訝な顔になり)ていうか、さっきから、なんだよ偉そうに。姉貴は彼氏いたことないじゃん。この気持ち、わかんないでしょ」

姉「(不思議そうな顔で)そうだけど? でも、恋愛って、ドラマとか見てると、そんなもんじゃないの?」

弟「悪いけど、今日は1人にしてくれない？　おもしろがられても迷惑だし」

姉「いやいや、何、その言い方！　こっちは、あんたの心配してやってんでしょ！」

お姉さん、どこか不思議なキャラクターだと思いませんか？

たしかに変わったキャラクターでおもしろいと言えばおもしろいかもしれませんが、発言の説得力はあまりなさそうに見えます。その理由は、姉は自分が経験していないこと（＝恋愛）に、上から目線でアドバイスしているからです。

これは、極端な例だと思うかもしれません。

しかし、別の部署、別の仕事をしている自分より若い人に対して、年齢が上だからという理由だけで、これに近いような話をしている人も珍しくありません。

自分のキャラから外れた話をするな！

では、どうしたら良いのかというと、常に、**「自分の立場から見て違和感のない話をする」**という感覚でいれば良いのです。「自分のキャラに合った発言をする」といってもいいかもしれません。先ほどの会話例が、このような形だったらどうでしょう？

弟「本当につらい。マジ、死のうかと思うぐらいつらい……」

姉「本当につらそうだね。私は経験ないけど、失恋って、ドラマが大げさじゃないぐらい、つらいんだね」

弟「（深くうなずいて）そうなんだよ。少し前、友達が失恋して泣いてたとき、すげー馬鹿にしてたけど、今ならあいつの気持ちがわかる……」

姉「（共感した雰囲気で）ドラマなんかじゃ、そういう心の傷は、絶対、時間が解決してくれるから、気長にいくしかないって言うよね」

弟「（うなずきながら）そうかもしれないね。あんまり悩みすぎても仕方がないから、今日はもう寝るよ」

ここで姉は失恋した弟に、「自分はドラマなどを通じた知識だけどね」という話し方で、正直に、等身大の知識を語っています。

そうすると、弟からしても違和感はありません。むしろ「経験がないのに、自分のことのようにありがとう」と心の中で思っているかもしれません。

というわけで、くれぐれも「何で、あなたが?」と思われる話をしてしまわないように、「自分のキャラクター的に、この話は違和感がないか?」という視点を常に忘れず、情報を発信するようにしましょう。

ここで「知ったかぶり」や「生半可(なまはんか)な知識」で話をするのが、一番危険です。知らないことは知らないと言った上で、「じゃあ、自分の立場だったらどんな話ができるだろうか?」と考えて、話をしてみてください。

自分のキャラを伝える技術 2

自分のキャラで違和感のない話を心がける

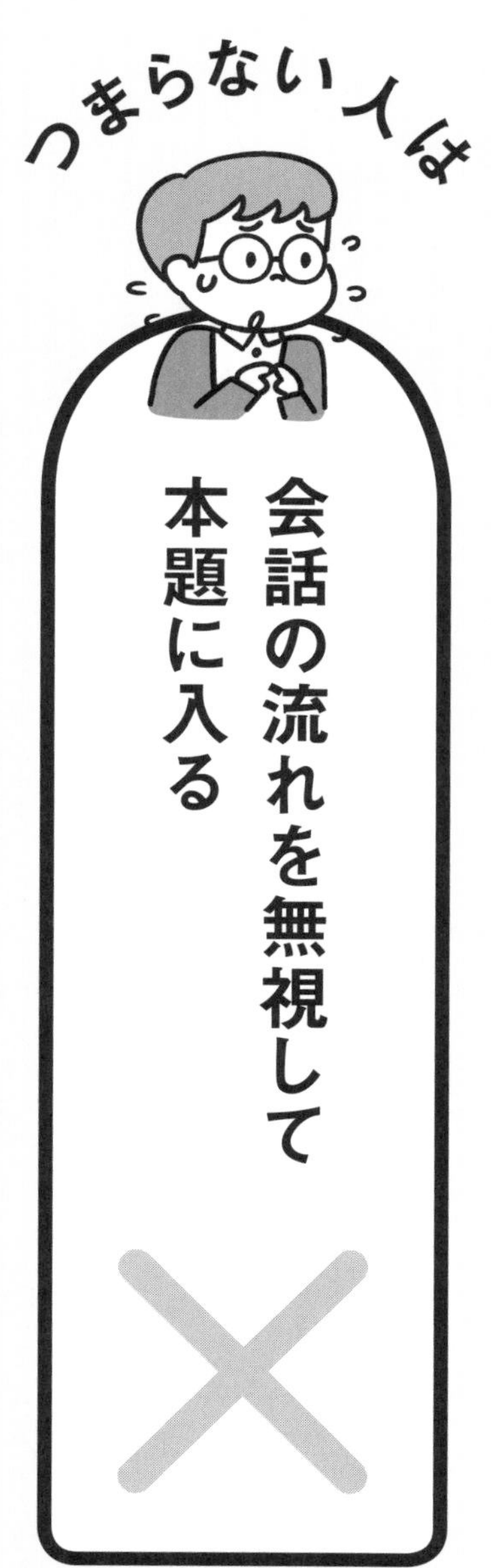
つまらない人は
会話の流れを無視して
本題に入る
×

おもしろい人は
会話の流れを切らずに
本題に入る
○

雑談は、頭の切り替えやウォーミングアップといった効果を持っているといわれます。だから、学校の先生などは、授業の合間などに「小気味よく」雑談を挟み、生徒の授業への興味関心を引き続けているのです。

ところで、「小気味いい」というのは、どういう状態を指す言葉なのでしょうか。

私の解釈ですが、インプロ的に「小気味いい」という言葉を説明するなら、**「本題の流れを断ち切ることなく、いつ雑談に入り、いつ雑談が終了したのかわからないほど自然に雑談を挟むこと」**と定義できるかと思います。

次の、とある会社員Aさんとその会社を訪れた初対面のBさんが、雑談から本題に入るまでの流れを、「小気味いい場合」とそうでない場合で比較してみましょう。

A「本日は、遠いところご足労いただき、すみません」

B「いえいえ、会社は遠いのですが、家は近くなんですよ。終わったらこのまま帰れるので、今日はとてもラクなんです」

A「そうなんですか！　私も、通勤時間が長いのが苦手で、この辺りに住んでいるんですよ。〇〇駅の北側なんですけども」

B 「そうなんですね。実は、私は反対側なんです。まあ、でもご近所さんですよね」

A 「そうですね。今日はよろしくおねがいします。**早速、本題に入らせていただきますね**」

B 「はい」

A 「メールでお伝えした通り、弊社も人手不足でして、より求人に力を入れるために、御社のサイトでPRできることはないかと考えているんです（以下、仕事の話が続く）」

この例では見たまま、マーカー部分から本題に入っています。

これは、車でいえば、一旦停車して、ギアをパーキングに入れて、サイドブレーキを引いた状態にした上で、「本題に入ります」と仕切り直す感じです。

このように雑談と本題の境目をパッキリ分けてしまうと、Bさんの側からすれば、「雑談のときと仕事のときで、キャラクターが違うんじゃ……」なんて、警戒心を抱いて身構えてしまいがちです。

一方、「小気味いい」流れで本題へと入る場合、どうなるでしょうか。

A「本日は、遠いところご足労いただき、すみません」

B「いえいえ、会社は遠いのですが、家は近くなんですよ。終わったらこのまま帰れるので、今日はとてもラクなんです」

A「そうなんですか！　私も、通勤時間が長いのが苦手で、この辺りに住んでいるんですよ。〇〇駅の北側なんですけども」

B「そうなんですね。実は、私は反対側なんです。まあ、でもご近所さんですよね」

A「そうですね。この街に詳しい方だと知って安心しました。**弊社の最寄りも〇〇駅なんですが、ご存じの通り、各駅停車しか停まらないので、求人とか大変なんですよ**。でも、人手不足で困ってまして……。そこで、御社のサイトでPRできることがないかと考えているんです」

B「なるほど。たしかに都心から〇〇駅に出てくるには、時間かかりますもんね」

このような自然な展開であれば、相手に身構えさせる間もなく、スムーズに本題に入ることができます。このような流れの方が、雑談というプロセスを経た分、本題も盛り上がる可能性が高まるはずです。

こうやって、雑談と本題の切れ目をなくして話をしたいときに役に立つのが、雑談内容に対して**「今、このお話聞けてよかったです」**と述べてから本題に入る方法です。例文だと、「この街に詳しい方だと知って安心しました」という部分です。

この方法は、延々と雑談を続けてしまうことの回避にもつながるので、やや強引だったり、トンチのような形でも良いので、雑談内で本題と関連がありそうな話が出たら、「そのお話聞けてよかったです」と言って、本題にスルリと入ってしまいましょう。

自分のキャラを伝える技術

3

雑談から本題へはスルリと入れ

つまらない人は

事実にもとづき
淡々と話す

×

おもしろい人は

感情を織り交ぜ
熱っぽく話す

○

私のインプロのワークショップでは、今日あった印象的な出来事を30秒以内で語るというトレーニングを時々やります。そのとき、私は、雑談が苦手という人に共通する「ある特徴」を見つけました。次の話は、そんな雑談が苦手なAさんの話です。

A 「今日のお昼に、にんにくが効いた、キムチと豚肉の炒め物の定食を食べました。その後、口が臭くなってしまったな、と思ったので、ニオイを消そうと思って、コーヒーを飲みました。すると、逆にもっとニオイがひどくなったような感じになってしまいました」

これでも、意味は十分わかります。しかし、ある特徴があるために、どこか、今ひとつ盛り上がっていない気もします。なぜなのでしょうか。

その理由は、この中に**「Aさんの感情」がないから**です。ただ事実にもとづき、時系列順に、何が起きたのかを淡々と語っているだけだからです。

聞いている方は、何が起きたのかは手に取るようにわかりますが、話をしているAさん本人がどんな感情を抱いていたのかが語られていないので、どういうリアクションをしていいか判断できません。

ですが、Ａさんの感情を細かく描写しながら話すと、まったく雰囲気が変わります。

Ａ

「今日のお昼に、『これはおいしそうだな！』と思って、にんにくが効いた、キムチと豚肉の炒め物の定食を食べたんです。食べてるときは、すごく幸せだったんですけど、思った以上に口が臭くなってしまって。だから、『何で、こんなの食べてしまったんだろう！』って、めちゃくちゃ後悔(こうかい)して、あわててしまったんです。だから、何とかニオイを消そうと思って、急いでコーヒーを飲んだんです。そしたら、明らかに、もっとニオイがひどくなったような感じになっちゃって。今はもう、なんだか悲しい気持ちでいっぱいです」

どうでしょう。同じ内容でも、こちらの方が魅力的な話に聞こえませんか？

それくらい、**「何を感じたのか」という情報は、しっかりと語らないと相手には伝わらないものです。**

反対に、これぐらいしっかり話してあげると、「この人は、この出来事に対してこう感じるのか！」と、あなたのキャラクターがばっちり伝わり、雑談が盛り上がるのです。

事実にもとづいて淡々と話すのをやめて、感情を織り交ぜて語れば良いというのは、仕組み自体は非常にシンプルです。しかし、それだけではなかなか身につきません。実際、私のワークショップでも、何回もこのエクササイズを繰り返して、練習してもらいます。

ですので、ここで、自分ひとりでもできるエクササイズをお伝えします。

それは**「笑い」にこだわる**という方法です。

出来事を、ただ単に、事実ベースで淡々と語っても、あまり笑いは起きません。しかし、自分が何を感じたのか、細かく描写して話すだけで、「笑い」が起こる可能性は飛躍的に高まります。ですから、何かエピソードを語るときには、「笑い」を起こすことを意識していくと、自然とどんなときでも感情が入るようになっていきます。

ちなみに、テレビで活躍しているお笑い芸人も、エピソードトークの際、「ホンマに腹立つ後輩がいるんですよ！　マジでこの前も、イライラさせられたことがあって……」と、感情から入っているパターンが多いはずです。ぜひ注目してみてください。

自分のキャラを伝える技術

4

感情を織り交ぜ、笑いを意識せよ

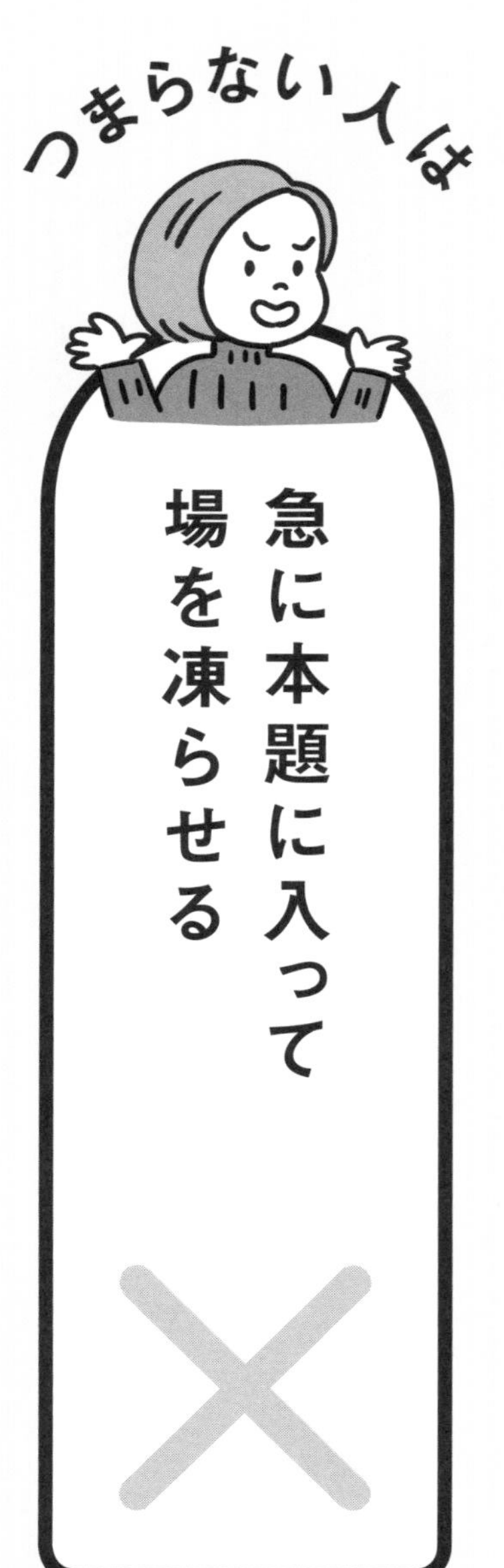
つまらない人は
急に本題に入って
場を凍らせる
×

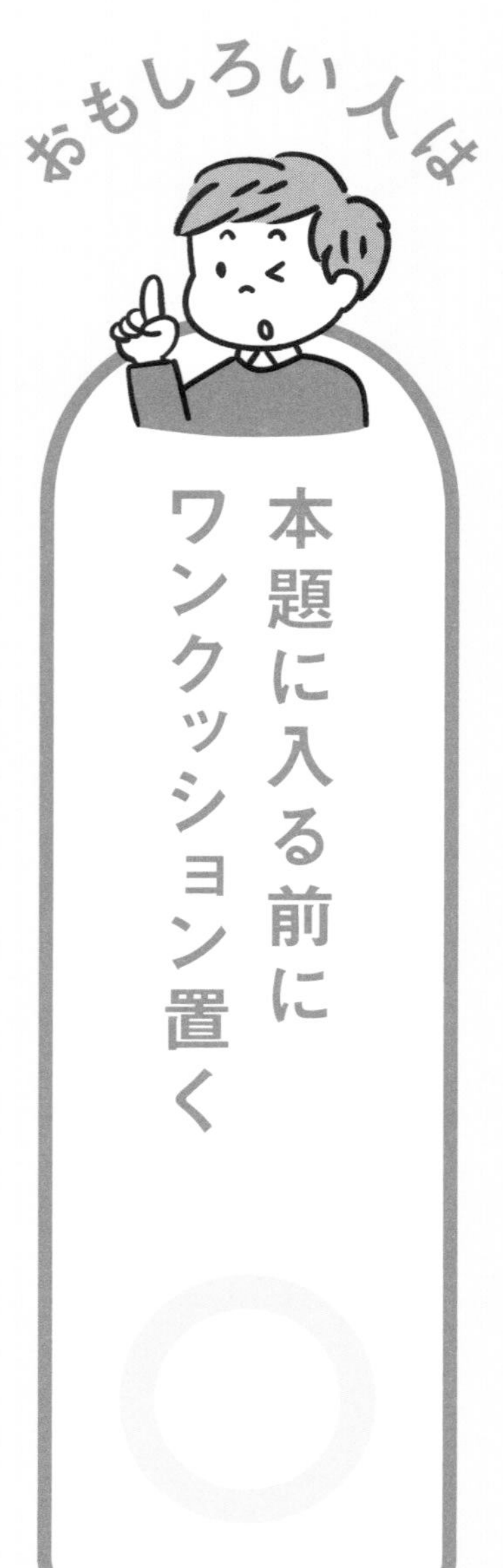
おもしろい人は
本題に入る前に
ワンクッション置く
○

雑談が上手な人は、**本題に入る前の「クッション」の置き方が絶妙です。**

そもそも、雑談も何もせずに本題にいきなり入るということがどれだけ危険な行為か、おわかりでしょうか。

インプロ的に言えば、それは、「お互いに、相手がどんな人間（状態）かわからないまま、重要な会話をすること」を意味します。

特に、初対面であれば、相手のキャラクターがまったくつかめていません。よく知っている人だって、その日のコンディションなどでキャラクターにゆらぎが出るでしょう。

そんな状態で重要な話をしても、お互いのキャラクターや状態を探り合う会話になるので、本題の内容に集中できません。

一方、**雑談でワンクッション置いてから本題に入ると、相手がどんな人間か＝どんなキャラクターか、今日のコンディションはどんな状態かといった事前知識を押さえた上で、本題に関するトークができる**わけです。

すると、その後の本題トークの質には圧倒的な差がでます。これが、雑談でワンクッション置くことの意味です。

次の会話例を見てください。これは外出先から会社に戻ったAさんが、共有スペースの机に部下のBさんの書類が散乱していたのを見つけたときのやり取りです。

A「ねえ、これ散らかりすぎだよ。さっさと片付けて！」

B「ああ、すみません……（と言いながらフリーズ）」

A「ちょっと、何モタモタしてるの？」

B「じ、実は、さっき取引先から緊急の連絡がありまして、申し訳ないのですが、一旦、電話してからでもいいですか？ 本当にすみません」

A「……いいよ。終わったらしっかりやってよ。これ以上、共有スペースを汚さないでね」

ここで、Aさんの本題はもちろん、「共有スペースの書類を片付けること」です。そして、Bさんの事情はお構いなしに、その本題にいきなり切り込んでいます。

しかし、Bさんはその本題よりも優先すべき用事があるため、すぐに片付けることをやんわりと拒否します。その結果、Aさんは、自分の本題が軽く扱われたように感じ、イライラしながら会話が終了しています。若干（じゃっかん）、ヒヤヒヤする会話です。

次に、同じシチュエーションで、雑談でワンクッション置いてから本題に入るパターンを見てみましょう。

A「Bさん、今日、何かあったの？　もしかして、バタバタしてる？」

B「あ、Aさん。実は○○社っていう、私が何年か担当してる会社があるんですけど」

A「知ってる。最近すごく調子いいらしいね」

B「はい、そうなんです。そこが、またかなり大きい案件を発注してくれるかもしれないらしくて、この後すぐに、先方の社長と電話することになって、今、大変なんですよ」

A「すごいじゃん！　そんなときに話しかけちゃって悪いね。あ、じゃあさ、そこの共有スペースの机にあるBさんの資料、横のダンボール箱の中に入れておいてもいい？」

B「大丈夫です！　すいません、共有スペース散らかしてしまって」

A「問題ないよ。じゃあ、がんばって！」

いかがでしょうか。本題はまったく変わりませんが、AさんはBさんとの関係を悪くすることなく、目的を達成しています。違うのは、最初に**「今日、何かあったの？」**と、ワンクッション置いてBさんに質問していることだけです。しかし、結果は大違いです。

ここで、Aさんは雑談を通じて、Bさんの事情を把握しています。だから、その事情を踏まえた上で「自分がざっと片付けておく」という判断をしています。さらに、Bさんがなぜ机を片付けられなかったのかの理由を把握できるので、自分自身もイライラすることがありません。

前者の会話例に出てくるAさんは、かなり嫌な人に見えますが、後者の会話例に出てくるAさんは、いい上司っぽい感じがしませんか？　これなら、Bさんも、Aさんのために一肌脱ごうと思うような関係を構築できるかもしれません。

少しいやらしい言い方になりますが、「いい人」と思われておくに越したことはありません。コミュ力勝負では、やはり日ごろからの雑談がものを言うのです。中でも、何か文句を言いたいようなことがあったら、**「何かあったの？」**と、雑談をとりあえず始めてみるのは、とてもオススメのテクニックです。

というわけで、本題に入る前に相手の事情、性格、バックグラウンドを確認しておくために、雑談でワンクッション置くようにしましょう。これは、あなただけでなく、お互いにメリットがあることです。

つまらない人は
話の輪に入ろうとして
溶け込めない

おもしろい人は
話の輪から離れた人に
声をかける

雑談の質は、相手が雑談をしたい状態かどうかに左右されます。

時間つぶしをしたい、誰かと話をしたい気分だという人との雑談は、会話が弾む可能性が高いです。一方、忙(いそが)しくて雑談どころではなかったり、すでに別の誰かと話し込んでいたりする人とは、雑談をしようと思っても難しいはずです。

そんなこと、当たり前だと思うかもしれません。しかし、雑談が苦手な人は、このことを頭では理解していても、実践できていない人が多いものです。

たとえば、立食パーティーで、次のような光景をよく見かけませんか？

A「（『お、あそこの輪、話が盛り上がってるな！　ちょうど話したかったB社長もいるし、僕も話に加わりたいな』と思いながら、B社長のいる話の輪に近づく）」

B「もう日本は高齢社会だからさ……。海外に目を向けて……（持論を語るB社長）」

C「その通りですね。でも、日本と海外では……（Bさんと熱く議論するCさん）」

A「……（な、なんか難しい話をしてるな。全然話しかけられないぞ……）」

B「それももっともです。しかし、日本はもっと外に目を向けて……（さらに議論をヒートアップさせるB社長）」

A「……（僕は、いつになったらB社長と会話できるのかな……）」

ここに出てくるB社長のように、肩書がある人の周りには、人が集まってきます。Aさんもそんな1人として話の輪に近づきますが、雑談に加わる隙もないまま、沈黙してB社長の「プチ講演会」を聞くしかなくなっています。そして、特に誰とも交流ができないまま、時間が過ぎていきます。これでは、時間の無駄ですね。

一方、そんなに社交的なわけでもないのに、立食パーティーなどではいつも誰かと楽しく話をしていて、気づけばその後、一緒に仕事をしたり、プライベートで仲良くしたりしている、なんて人もいます。

そういう人は、無意識にかもしれませんが、先ほどのように話の輪に近づくようなことはせず、**話の輪から外れた人に対象を定めて、声をかけているのです。**

話は少し変わりますが、パーティーといえば、インプロの本場、アメリカです。次のような会話を、昔のハリウッド映画で見たことはないでしょうか。

男「どうしたんだい？　君みたいな美人が1人で」

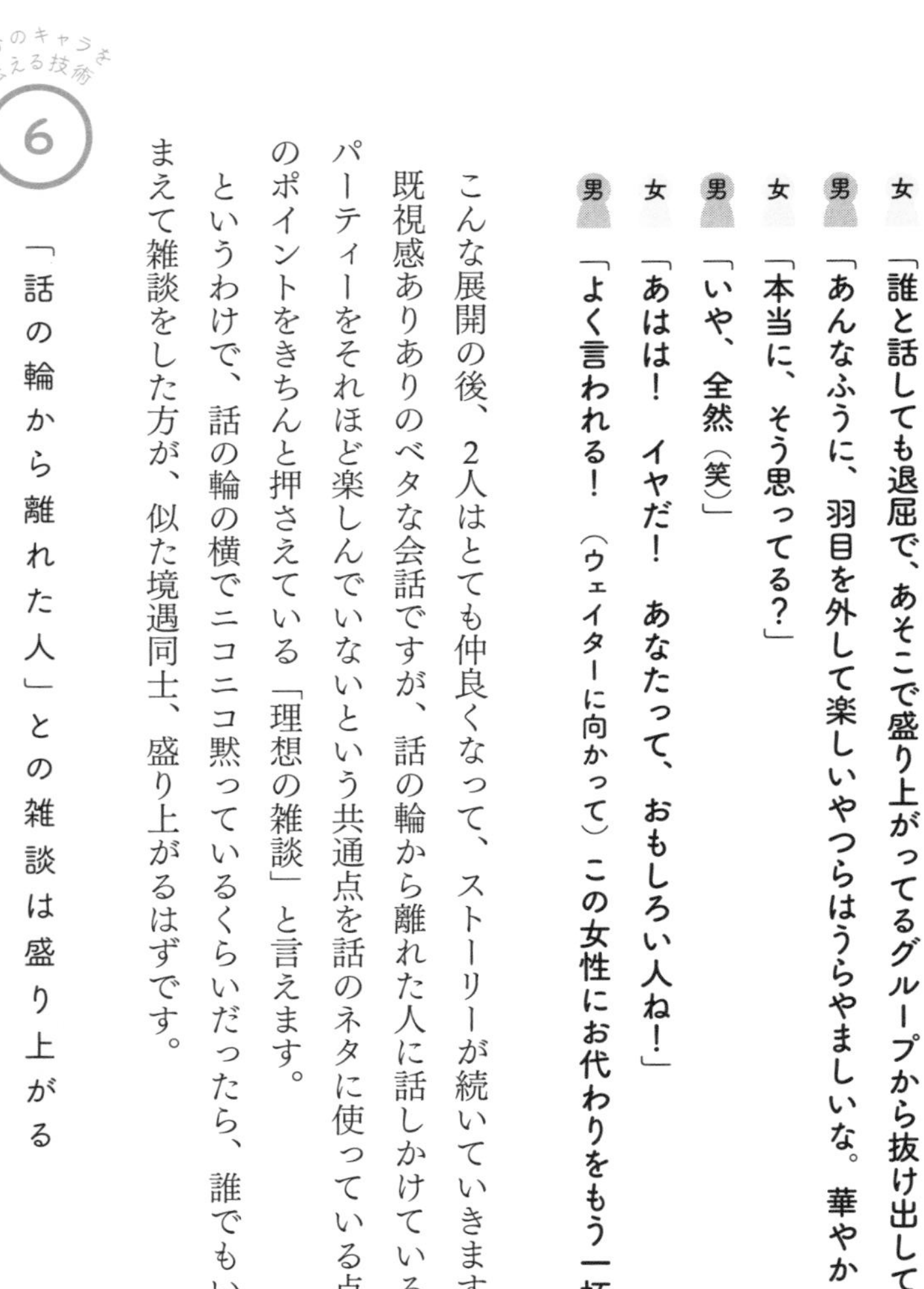

女「誰と話しても退屈で、あそこで盛り上がってるグループから抜け出してきちゃった」

男「あんなふうに、羽目を外して楽しいやつらはうらやましいな。華やかで！」

女「本当に、そう思ってる？」

男「いや、全然（笑）」

女「あはは！　イヤだ！　あなたって、おもしろい人ね！」

男「よく言われる！（ウェイターに向かって）この女性にお代わりをもう一杯！」

こんな展開の後、2人はとても仲良くなって、ストーリーが続いていきます。

既視感ありありのベタな会話ですが、話の輪から離れた人に話しかけている点、お互いパーティーをそれほど楽しんでいないという共通点を話のネタに使っている点など、雑談のポイントをきちんと押さえている「理想の雑談」と言えます。

というわけで、話の輪の横でニコニコ黙っているくらいだったら、誰でもいいからつかまえて雑談をした方が、似た境遇同士、盛り上がるはずです。

自分のキャラを伝える技術

6 「話の輪から離れた人」との雑談は盛り上がる

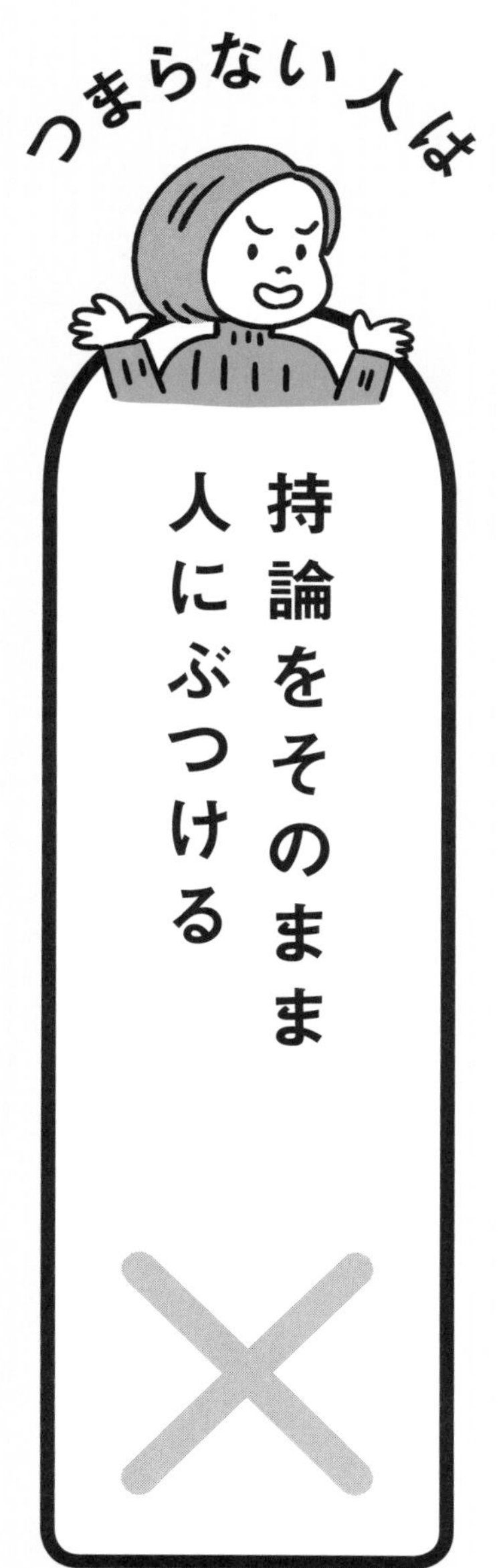
つまらない人は
持論をそのまま
人にぶつける

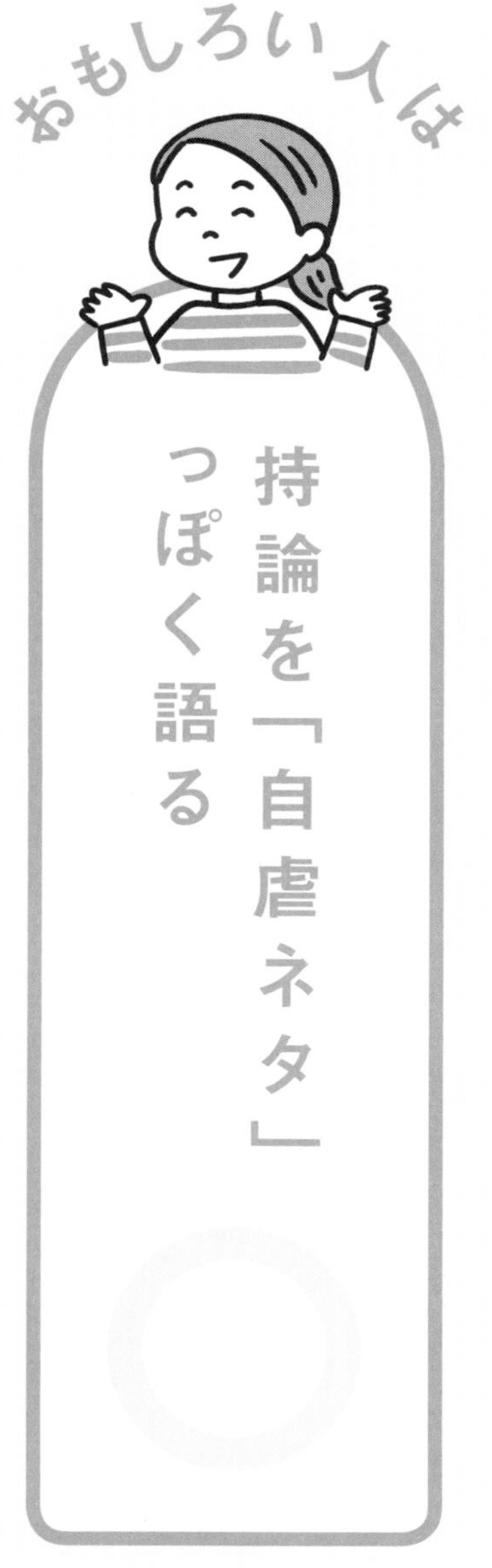
おもしろい人は
持論を「自虐ネタ」
っぽく語る

雑談をしていると、「なんかこの人、イライラする……」と感じる人に出会うことはありませんか？

実は、そういう人にはある特徴があります。

それは、**「〜すべき」という持論を語っている**ということです。

そもそも、人間はいつ、他人の言動に怒りを覚えるのかというと、**自分の中にある「〜すべき」という考えを崩されたときです。**

たとえば、あなたが通勤ラッシュの電車に乗るため、ホームできちんと列に並んで待っていたとします。すると、あなたの前にスッと横入りする人がいました。

そのとき、多くの人は多かれ少なかれ嫌な気持ちになるでしょうし、怒り出す人もいるはずです。その理由は、多くの人が「列は横入りすべきではない（してはいけない）」という考えを持っているからです。

雑談でイライラする理由もこれと同じです。つまり、ある人が雑談の中で、「〜すべき」という持論を語り始めるとき、それを聞いた人には、また違う「〜すべき」という思いがあるかもしれません。

雑談というのは、基本的には、お互いに歩み寄りながら雰囲気を作り上げるものなので、そこで「〜すべき」が一致しない場合、モヤモヤが加速して、一気に相手の言動にイライラしてしまうのです。次の会話例を見てください。

A「この前、オーストラリアに行ったときに飛行機に乗ったら、国際線なのにアルコールは有料ですって言われて。マジで驚いたんだよね」

B「へー、昔はそんな会社なかったよね。LCCだったんじゃない?」

A「LCCだけど、普通の航空会社とチケットの値段、全然変わらないんだよ。それなのに、サービスの質だけ下げるなんて、本当ボッタクリだよな」

B「まぁでも、時代の流れじゃない? 飲みたきゃ買えば? そんな高くないでしょ」

A「いやいや。たいしたことないビール1缶で、900円。1缶900円だよ!? しかも空港で買った酒を機内で飲むのも禁止とか言ってて、誰のためのルールだよって感じ。頭にきて、思わずSNSに愚痴っちゃったよね」

B「えっ、ちょっと怖いんだけど。どうしちゃったの?」

A「いやいや、普通だって。みんなが、文句も言わずに受け入れるから、会社がつけあがるんだよ。大体、お前はこういうことに対して甘すぎるんだよ……(以下、なぜかBさんへの文句に)」

ここでのAさんの持論は、「国際線の航空会社は、機内でお酒を無料で提供するべき」というものです。しかし、話を聞いているBさんは、一見穏やかそうに見えますが、「LCC」「時代の流れ」といったキーワードから窺(うかが)えるように、「値段が安いチケットを選んだのはAさんなのだから、サービスが悪くても文句は言うべきでない」という、無意識に持っていた持論が見え隠れしています。

その結果、何だかギスギスした雑談になってしまいました。だから、雑談では、「〜すべき」という持論は、基本的には避ける方がベターです。

「自虐ネタ」は感情豊かに大げさに

ここまで「〜すべき」という持論は話すべきでないと説明してきましたが、雑談においては、その持論を用いて場を盛り上げる方法も存在します。それは**「自虐ネタ」**です。

実は、同じ持論を語るにしても、「〜すべきだ！」とただ主張するのではなく、こんな不幸なことがあって腹が立ったといったような、**自分の感情をメインに語る「自虐ネタ」として語れば、「持論語り」から「自分のキャラクターを伝える話」に変わり、雑談は盛**

り上がります。

先ほどの会話例が、次のような展開だとしたらどうでしょう？

A「この前、オーストラリアに行ったときに飛行機に乗ったら、国際線なのにアルコールは有料ですって言われて。時代は変わったなって驚いちゃって」

B「へー、昔はそんな会社なかったよね。LCCだったんじゃない？」

A「そう。LCC。しかもさ、チケットの値段も普通の航空会社と、言うほど変わらないんだよ！　だから、LCCって気づかなくて」

B「それ嫌だね。でも、機内で買っても、そんなに高くないでしょ？」

A「いやいや。それが、ビール1缶で900円もするの！　しかも、空港で買った酒を機内で飲むのは禁止！　だから、ちょっとムカっとして、今回は、お酒やめといた」

B「いいじゃん。逆に健康的！」

A「そうそう！　しかも飛行機の中って、酔いやすいじゃん？　だから、逆に飲まなくて得したんだって、自分に言い聞かせてたんだけど、かえってそのせいでめちゃくちゃイライラして（笑）。900円のビール飲んで酔っ払ってた方がマシだったかも（笑）」

Aさんは、先ほどと同様に持論を語っていますが、半分冗談のように話しているので、それをBさんに強要しているニュアンスはありません。したがって、Bさんも自分の持論をAさんと戦わせることなく、むしろ雑談は盛り上がっています。だから、同じ内容でも、和(なご)やかな雑談になるのです。

持論は「冗談めかして自虐ネタ」が鉄板!

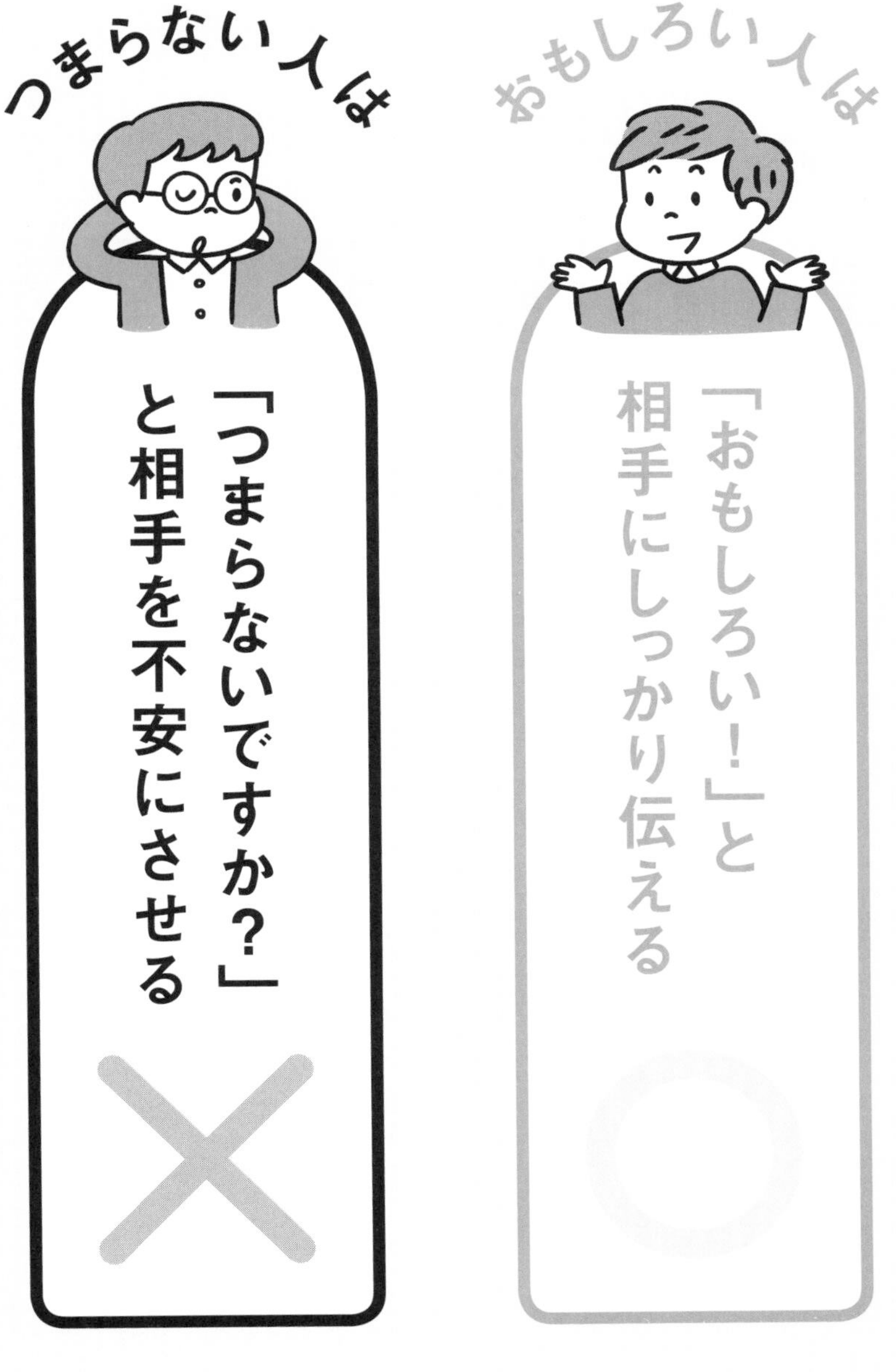

つまらない人は

「つまらないですか？」

と相手を不安にさせる

何気なく話したことでも、相手が興奮しながら「おもしろい！」と食いついてきたら、嬉しくなって、ついつい詳しく話してしまうという人は多いと思います。

それは、裏を返せば、相手に気持ちよく話してもらいたかったら、自分が少しでも「おもしろい！」と感じたことがあれば、その気持ちをすぐに伝えるべき、ということです。

聞けば当たり前の話ですが、自分が思っている以上に、自分の気持ちは相手に伝わらないものです。だから、心の中ではおもしろいと思っているのに、相手から「あ、今の話、大丈夫でしたか？　お気分悪くされていませんか？」と真顔で心配されるような人もいます。

そんな事態に陥らないための方法はただ1つ。

自分がおもしろいと感じた瞬間に、「それ、おもしろいですね！」と口に出すクセをつけることです。このクセがつけば、あなたがどんなにおとなしいタイプだとしても、相手のテンションは勝手に上がり、詳しく話をしてくれるはずです。

さらにポイントは、社交辞令のように「おもしろいお話ありがとうございます」と言うのではなく、「おもしろいので、もう少し詳しく聞きたいです」と、話を掘り下げる方向に誘導することです。

私の知り合いのディレクターに、この「おもしろい」が口癖の人がいます。その方は、相手のタレントが無口だったり、そんなに機嫌が良くなかったりしても、ガシガシと雑談を盛り上げてしまいます。たとえば、次のような感じです。

D「あれ、肌焼けてません？　最近、**おもしろいこと**、してきたんじゃないですか？」

タ「そんなことないですよ。この前、真面目な環境問題の番組で、オーストラリアまでロケに行ってきたんですよ」

D「なるほど。でも、真面目だっていっても、海とか行ってきたんじゃないですか？」

タ「実は、グレートバリアリーフまで行って、ダイビングはしてきましたね」

D「へー！　グレートバリアリーフのダイビングとか、**めちゃくちゃおもしろいやつじゃないですか！**　いいな〜！　**詳しく聞かせてくださいよ〜！**」

タ「いや、それが、今、あっち冬だから、寒くて寒くて！　海でずっと震えてたんですよ」

D「寒いったって、それなりのダイビングスーツとか、着るんじゃないですか？」

タ「いや、それが、一緒に行った現地の人たちと同じように普通の水着で潜ったんですよ。だけど、誰も寒そうにしてなくて。周りから、『お前だけどうした？』みたいな扱いを受けちゃったんです。文化の違いを感じましたよ〜」

D「おもしろい話だな〜！　東京でも、冬でも半袖の外国人、見かけますもんね」

タ「そうですよね。何だろう、身体のつくりが違うんですかね〜」

こんな短い会話の中でも、「おもしろい」が3回も登場しています。

最初の「おもしろい」は、いわばあいさつみたいなものですが、2回目の「おもしろい」の後には、しっかり話を掘り下げています。そして最後に、ダメ押しの「おもしろい」まで入れてきています。

ちなみに、このディレクターは、雑談でガンガン仕事を引っ張ってきています。なぜかというと、「このディレクターの前だと、自分はおもしろく話せる。相性がいいのかも！」と感じたタレントが、このディレクターと仕事がしたいと指名してくるからです。

ある意味、担当番組の企画や内容、視聴率といった実力勝負ではなく、コミュ力勝負に持ち込んでいる典型例ともいえます。

column

私が放送作家になったきっかけも、「雑談」だった!?

私はインプロの専門家として活動する以外にも、テレビ業界で、情報番組を中心に放送作家をやっています。

放送作家というと、企画力に優れ、実力もあり、さぞ「仕事のできる人」ばかりでしょうね、なんて言われることもあります。

しかし、はっきり言いますが、そんな人はごく少数です。

桁違い(けたちがい)に企画力や実力があって、特別な才能があったから放送作家になれた人なんて、ほんの一握りです。

特に「放送作家志望者」の時点では、大半の人が実力に大差はありません。

では、何が差を生むかと言えば、「**コミュニケーション能力**(**コミュ力**)」です。

そもそも、放送作家のスタートラインに立つには、小さな、誰でもできるような簡単な作家の仕事を何個か受けて、実力を付ける必要があります。

しかし、実際に仕事をこなすことよりも、その100倍難しいのが、**放送作家の仕事を自分に任せてくれる人を見つけることです。**

実力勝負で放送作家になれるような天才は、たとえば「ハガキ職人」のような、ラジオ番組への投稿などを毎回読まれる人物として有名になります。

そして、目をつけたスタッフから「作家をやってみないか」と声をかけられて、番組コーナーの仕事の一部などを任されるなどして、スタートラインに立つわけです。

これが実力勝負の世界です。

実力だけでなく、運も必要な、非常に狭き門といえるでしょう。

一方、コミュ力勝負で放送作家になる人として、番組制作会社に入りＡＤ（アシスタント・ディレクター）からスタートした人が多くいます。ＡＤの仕事を通じて、様々な先輩のプロデューサー、ディレクター、作家と仲良くなります。そして、「実は、作家になりたいんです。一度、企画を見てもらえませんか？」と言って、先輩に相談していくのです。

すると、先輩の関わる仕事の一部を手伝うという形で、とりあえず作家仕事のスタートラインに立つことはできる、ということも多いのです。

いかがでしょうか。この方法なら、「自分もできるかも」と思った人が多いはずです。

かくいう**私自身も、どちらかというと、これに近い方法で放送作家のキャリアのスタートを切りました。**

私は最初、世の中に放送作家という職業があることも意識しないまま、ＮＨＫ国際放送局のニュース番組で、ＰＤ（プログラム・ディレクター）という仕事を始めました。

ＰＤというのは、雑用から、企画・制作に至るまで多岐にわたる業務を行う職種です。私はそこでテレビ業界の様々な仕事をやりながら、自分はロケや動画編集よりも、企画やナレーションづくりが好きだということを認識しました。

そのことを周りの人に話していたところ、「それだったら、放送作家になった方がいいかもね」と言われ、初めて放送作家という存在を意識しました。

それからの私は、放送作家という職業が気になり始めました。

そして、先輩や仕事仲間との雑談中に「放送作家」というワードが出るたび、「放送作家さんとは、どんな風に打ち合わせするんですか？」「さっき言ってた放送作家さんって、どんな仕事をされてるんですか？」と、興味本位ながら、話を掘り下げて聞くようになりました。

するとそのうち、私は周囲から「やたらと放送作家に興味のある若手」と認識されるようになりました。そして、「そんなに興味があるなら、これ手伝ってみない？」と言われて、放送作家の仕事の一部を頼まれるようになりました。そこで頼まれた仕事を無我夢中でやりまくっていたら、**気づけばいつしか、放送作家のスタートラインに立っていた**のです。

さらにその後も、「最近、こんな仕事をしたんだよ！」と、放送作家としての仕事を周りに雑談で話していたら、「じゃあ、これやらない？」と、雑談が新たな仕事を呼んでくれました。その結果、わらしべ長者のように仕事の実績が大きくなり、今に至るという感じです。

当時は、興味本位で、放送作家について先輩や仕事仲間と雑談し、頼まれた仕事をひたすらやっていただけのつもりでしたが、今考えると、明確な実績がなかった頃の私にとっては、これが「放送作家になるための最短ルート」だったように思います。だから、現在の自分があるのは、周りの人と、色々と雑談しておいたおかげだなと、今になってつくづく感じています。

しかし、実はＡＤなどになって、業界の人と雑談ができる環境に身をおいてからでさえ、有名番組にハガキを送ったり、賞を取ろうとしたりして、なぜか実力勝負にこだわって、一人で戦おうとする人もいます。

ＡＤの話に限りません。読者の皆さんも、コミュニケーションに頼らず、何かの賞に応募したり、仕事を真面目に黙々とがんばったりなどして、実力勝負にこだわっている人に心当たりはありませんか？

もちろん、それが一概に悪いこととは言いません。

でも、**もっとラクで可能性の高い道もあるのではないでしょうか？**

だからこそ、読者の皆さんには、雑談の力で「コミュ力勝負」に持ち込み、よりよい人生を切り開いてもらいたい、と思っています。

第 4 章

知っていると得をする！すぐに役立つ「雑談ハック」

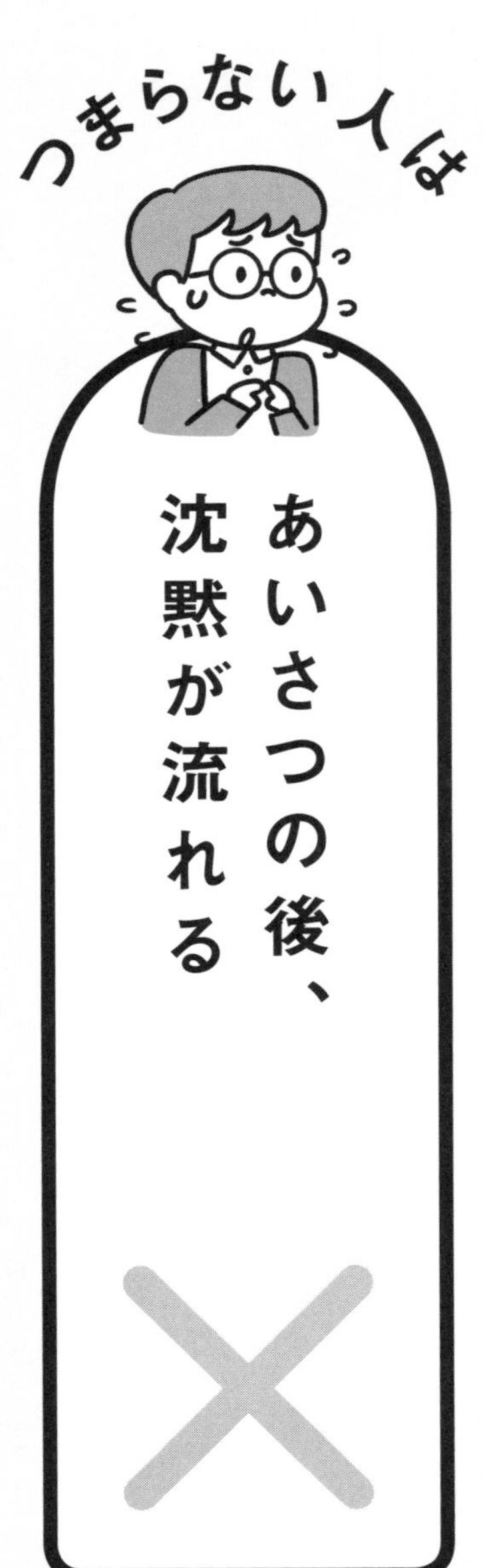
つまらない人は
あいさつの後、
沈黙が流れる
×

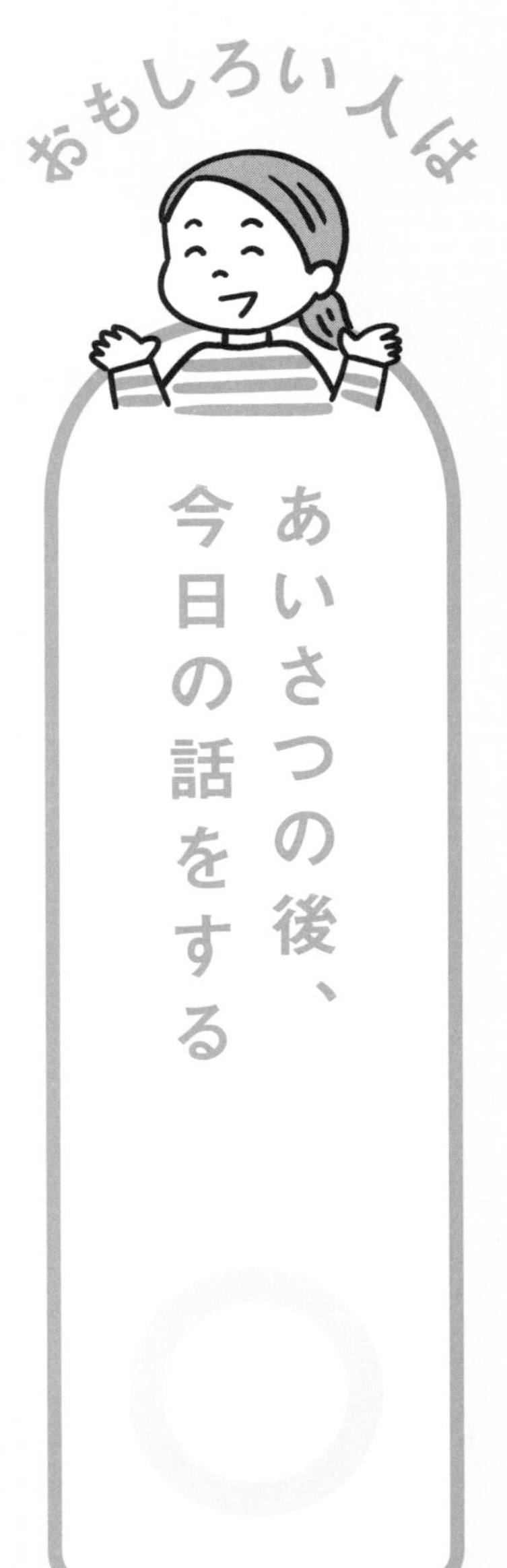
おもしろい人は
あいさつの後、
今日の話をする
○

コミュニケーションにおいて、**「あいさつ」**はとても大切です。

だから、多くの人は、とりあえず元気に「こんにちは！」「おはようございます」とあいさつすればＯＫだと思っています。

しかし、それだけでは少し不十分です。

たとえば、威勢よくあいさつをした後、お互いに話題がなかなか出てこず、沈黙が生まれてしまうことがあります。そんな微妙な空気が一旦流れてしまうと、その後の会話を再び盛り上げることは難しいものです。

そうなる理由は、単純です。

あいさつそのものには、その人のキャラクターや情報を表す情報が何もないからです。

そのため、お互いにあいさつし終わった後、「あれ？　この後、何を話せばいいんだっけ？」と考えて固まってしまい、スムーズに会話に移行できないのです。

つまり、あいさつだけだと、その後、1から話題を考える必要があるので、実はそこで会話の流れが一旦切れやすい、ということなのです。

では、どうすればいいのかというと、その答えは「こんにちは」の語源にあります。

「こんにちは」を、漢字で書くと「今日は」。

つまり、もともと「今日は、○○な日ですね！」という出会い頭の雑談の最初の部分を省略したものだといいます。

あいさつの後はすかさず「相手に話を振ろう」

これにしたがえば、答えが見えてきます。

つまり、あいさつの後は**「今日は～」から続く話を振る**のです。

たとえば、次のようなイメージです。


「おはようございます！　今日は、とても暑いですね」

「こんにちは！　今日は、お車でいらっしゃったんですか？」

「お疲れ様です！　今日、まさか、こんな所でお会いすると思いませんでしたよ！」


こうやって、あいさつの後に「今日は～」から続く話を振れば、相手も沈黙する暇がないので、何か話してくれるはずです。

その相手の発言に対してリアクションを取っていけば、雑談は自然と続きます。

これなら、今日のことについて何か話を振ればいいだけですから、どんなに話題が出てこない人やタイミングでも、話を振ることができるでしょう。


英語のあいさつといえば、「Hello!」ですが、たいていその直後には、**「How are you?」**と、相手のコンディションを問う定型句が入ります。

ここからも、あいさつはあくまでただのあいさつで、会話のきっかけを作っているのはその後の一言である、ということがわかります。

日本でも海外でも、雑談の基本は変わらない、というわけです。

すぐに役立つ雑談ハック 1

「今日は〜」に続けて、相手に話を振ろう

つまらない人は

第一印象で失敗したら終わりだと思っている

×

おもしろい人は

第一印象で失敗しても大丈夫だと知っている

○

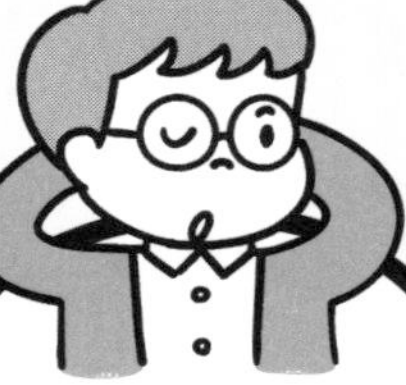

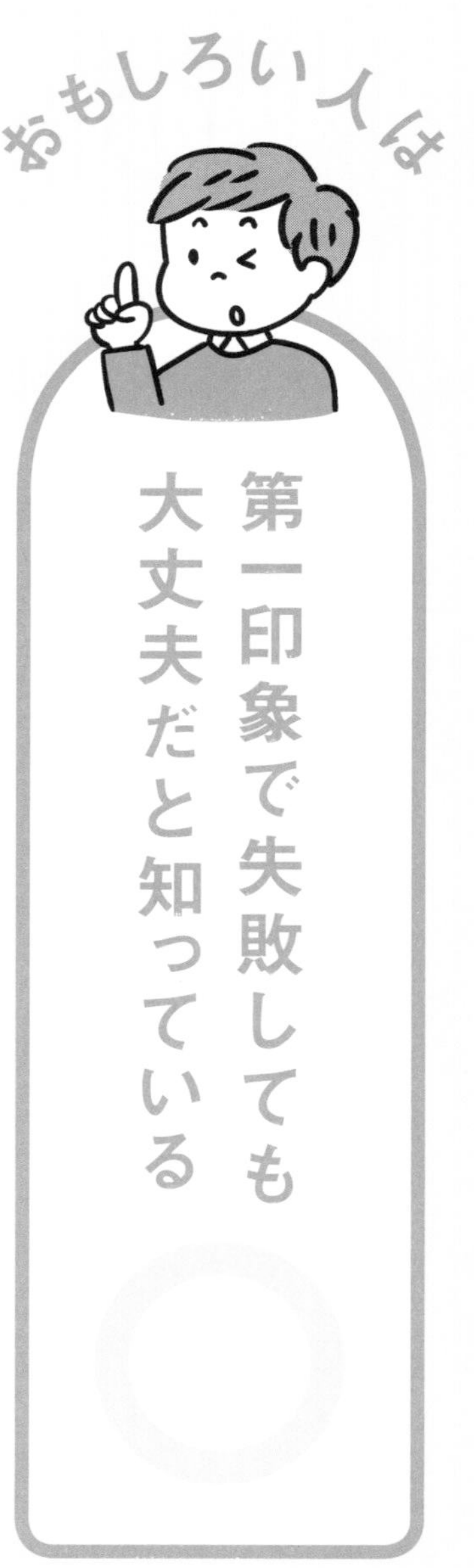

ここまで読んで気づかれた方もいるかもしれませんが、**雑談がつまらない人は、心配性気質の人が割と多い**といえます。

「自分との会話を、相手は楽しんでいるのか？」

「何か気に障ることを言っていないだろうか？」

などと考えながら雑談していると、その場で臨機応変に対応することが難しくなり、結果的に雑談も盛り上がらないことが多いものです。

そうした心配性気質な人が、特に気にしているのが、**「第一印象」**です。

たしかに、第一印象は大切です。

第一印象がよければ、そのまま会話も弾みます。

しかし、「第一印象で失敗したら、もうそこで終わりだ」と思っている人も多いように感じます。ですが、そんなことは決してありません。

一番よくないのは、ちょっとしたことで自分の第一印象が傷ついたと思い、そこで相手とこれ以上会話しても無駄だと思ってしまうことです。

損ねた第一印象を挽回するチャンスを、自ら完全に断ちにいってしまっているのです。

第一印象は「後からいくらでも変わる」もの？

一方、雑談がおもしろい人は、**「第一印象がすべてではない」**と思っています。

そもそも、こうした人たちは、相手と自分のキャラクターの違いを認識することが雑談だと思っています。相手と自分の意見が対立するなんてことは、当たり前だと思っています。

だから、第一印象で失敗したなと思っても、「まぁ、そんなもんだよな」と立ち直り、またためげずに話しかけ続けたりするのです。

もっといえば、「第一印象がよいからといって、その後の関係もよくなる」とは限りません。

たとえば、第一印象でいい人だと思われたばかりにめんどくさい仕事を押し付けられ、それを断ると、「あなたはそんな人じゃないと思っていたのに！」と逆切れされる、なんて可能性もあるはずです。期待値が高い分、失望の度合いも高いというパターンです。

反対に、第一印象が悪い場合、ちょっと意外な一面を見せるだけで、印象がガラリと変わることもあります。

モテの達人の中には、最初はずっと黙っていて、無口でとっつきにくい自分を演出し、その後、2人きりになったところでしゃべって、「この人、案外話しやすいな」と思わせるというテクニックを使っているような人もいるくらいです。

結婚式に出席して新郎新婦のなれそめの話で、「第一印象は最悪でした」なんて聞くことも多いのではないでしょうか。

それだけ、**人の第一印象なんて、いくらでも後から変わるもの**なのです。

ですから、それほど気にせず、むしろ雑談に対してネガティブにならないように気をつけてほしいと思います。

すぐに役立つ雑談ハック 2

第一印象なんて気にしても意味がない

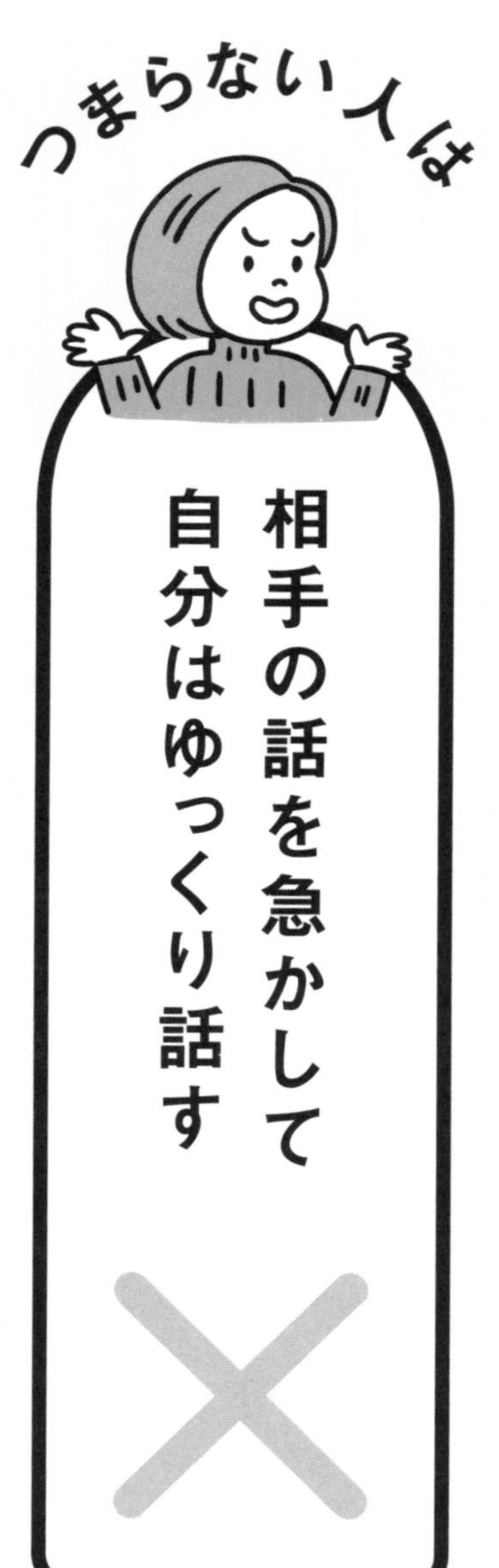
つまらない人は
相手の話を急かして
自分はゆっくり話す
×

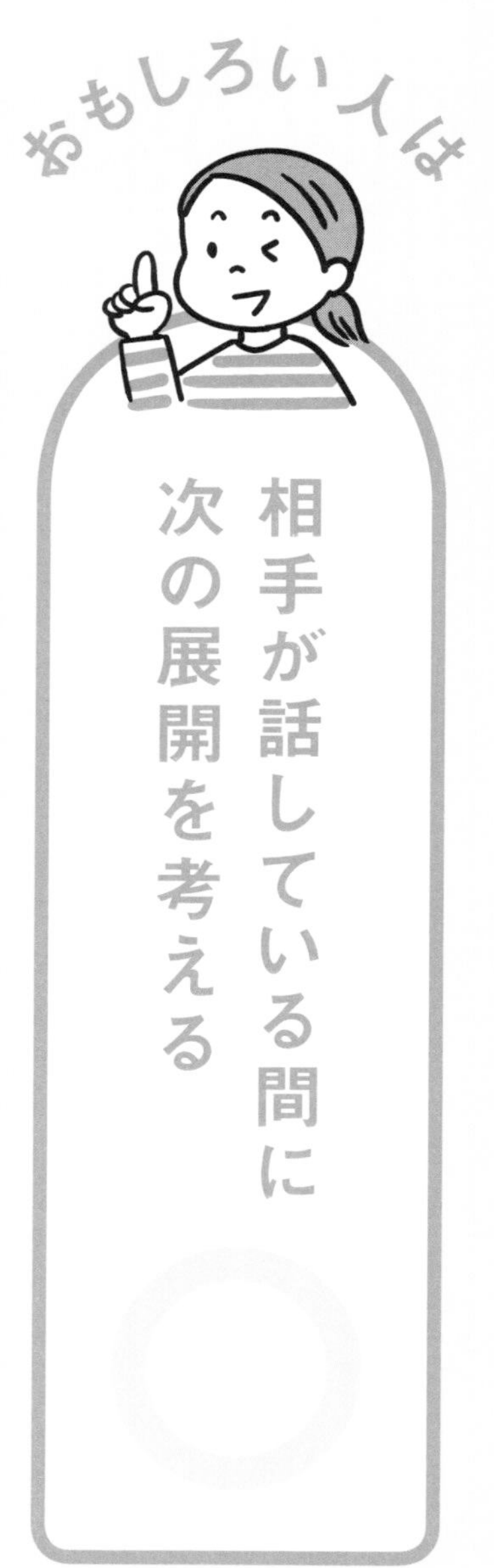
おもしろい人は
相手が話している間に
次の展開を考える
○

第1章で、雑談は卓球のラリーのようなものと言いました。
ですから、何よりテンポが大切で、それを乱さない方が楽しい雑談になります。
にもかかわらず、話す内容を考え込んで、会話のテンポを乱す人がいます。

それは、卓球をしているとき、サーブのたびに気合いを入れるなどして、相手を無駄に待たせるようなものといえます。

そもそも、**雑談はお互いのキャラクターがわかればよいだけなので、内容を考え込む必要はありません。**もし、わからない話題が出てきたら、「わからない」と言えば良いだけです。

たとえば、あなたは今、将棋やチェス、オセロなどのゲームをしています。そのときに、自分は10秒くらいでパッと指すのに、相手は自分の番になるたび、「どうしようか、いや、こっちの方がいいな……」なんて悩んで、プロの試合でもないのに、毎回3分くらいかけて指していたら、どう思いますか?

内容に関係なく、「もうこの人の相手はしたくない!」と思うはずです。

これと雑談は同じことです。

また、このような「じっくり考えこんでゆっくり話す人」に限って、相手の話を急かしたりします。自分が話すことにしか関心がないので、相手の話を急かすような雰囲気や言動をとってしまうのです。

というわけで、雑談中の自分の発言は、「なるべく手短に」を意識してください。反対に、相手の発言には、たっぷり時間を取らせてあげましょう。

そのためには、**相手がしゃべっていることをよく聞いて、自分はそのリアクションに徹すればいい**のです。そうすれば、会話のテンポを損ねて相手をイライラさせることもありませんし、そもそも話題が尽きることもありません。

雑談中の時間は、自分と相手の共有時間です。そのことを常に意識しましょう。

相手が考え込んだ場合の対処法は？

一方、相手が考え込みすぎて沈黙が生まれそうな場合は、こちらから、相手の思考整理をうながす質問をしてあげてください。次の会話を見てください。

A「そろそろ、ボーナス出たんじゃないですか？」

B「あっ、うーん、そうですね。ボーナスの時期ですねえ……（腕組みをして考え込む）」

A「（ん？ 何かいつもと違うな……）あれ、私、変なことを聞いちゃいましたか？」

B「言ってなかったんですけど、実は、先月会社を辞めて、転職活動中なんです！」

A「えー？ 何があったんですか？」

ここでAさんは、「自分の発言が相手の気を損ねたのではないか」とストレートに質問することで、沈黙を打開しようとしています。しかも、質問自体はYESかNOで答えられる質問で、相手にとっても答える負担がないので、その後の会話も続きやすくなります。

というわけで、「自分の話は手短に。むしろ相手の話を聞きながら次の一手を考える」ことを意識して、雑談をしてみてください。

次の一手は、相手が話している最中に考える

つまらない人は

一度失敗して
話さなくなる

雑談が好きな人は、一日中、色々な人と雑談をしています。

一方、雑談が嫌いな人は、雑談をほとんどしません。

当然じゃないか、と思われるかもしれませんが、私は少し違う感覚を持っています。というのも、雑談が好きだから色々な人と話しているのではなく、**色々な人と話しているから、自然と雑談が好きになっていく**のだと思っているからです。

そう思う理由は、私のとある過去の経験にあります。

私は、20代後半のあるときまで、個人経営のバーのようなところに出入りすることは、ほとんどありませんでした。それまで数回行ったことがあるという程度でした。

当時の私の、個人経営のバーに対する印象は、よくわからない常連客に絡(から)まれ、強制的に雑談をさせられて、自分がどれだけ嫌でも逃げられない閉鎖的な空間、というイメージでした。そのような場で雑談をするのは、正直とても嫌でした。

しかし、20代後半になり、一晩で3~4件ハシゴ酒をする、バーの好きな先輩とつるむようになりました。その先輩にくっついてそういう場所に出入りするようになると、個人経営のバーに対する印象がガラリと変わりました。

個人経営のバーと一口に言っても、マスターの人柄、店の雰囲気、そのときに居合わせたお客さんによって、その場の雑談の盛り上がり方はまったく異なります。

いうなれば、**「雑談ガチャ」**を引いているような感覚です。

だから、先輩は、そのガチャを引いて「おもしろくない！」と感じたら、次のガチャを引きに、店を変えるのです。そうやって2〜3件ハシゴしているうちに、どこかで当たりを引いて、雑談が盛り上がる瞬間がありました。

当時の私にとっては、目から鱗（うろこ）で「そうか、雑談はガンガン色んな人としていって、合わないと思ったら、その場から離れてもいいんだ」とびっくりしました。

また、雑談の場数を踏んでいくうちに、あまり盛り上がらない雑談に出合っても、「こんなこともある」と思うだけで、昔ほどの苦痛を感じることはなくなりました。

だから私は、**雑談を楽しみたければ、場数を増やすだけでいい**、と思っています。

仮に1日に10人と雑談する人は、その日のどこかで一度くらい楽しい雑談を経験し、「やっぱり雑談は楽しい」と認識するでしょう。

しかし、3日に1人くらいしか雑談しないような人は、その1回の雑談が盛り上がらないと、「やっぱり雑談は楽しくない」と認識するはずです。

雑談が苦手な人は、「雑談好きな人は、ありとあらゆる雑談を楽しんでいる」と思っています。しかし、そうではありません。雑談好きな人は、そんなに楽しいと思っていない雑談や、テキトーに受け流しているだけの雑談も数多く経験しています。

ですから、雑談に対して苦手意識を持っている人は、まず、この「場数問題」を抱えていないか、自分の日常を振り返ってみてください。

もし、一度も雑談をしない日が頻繁にある日常を送っているのなら、ここで一旦この本を閉じてください。そして、誰とでもいいので雑談しに行ってみてください。

それだけで、楽しい雑談に出くわして、雑談に関する悩みが消えるかもしれませんよ。

すぐに役立つ雑談ハック ④

雑談を楽しめるかどうかは「場数」で決まる

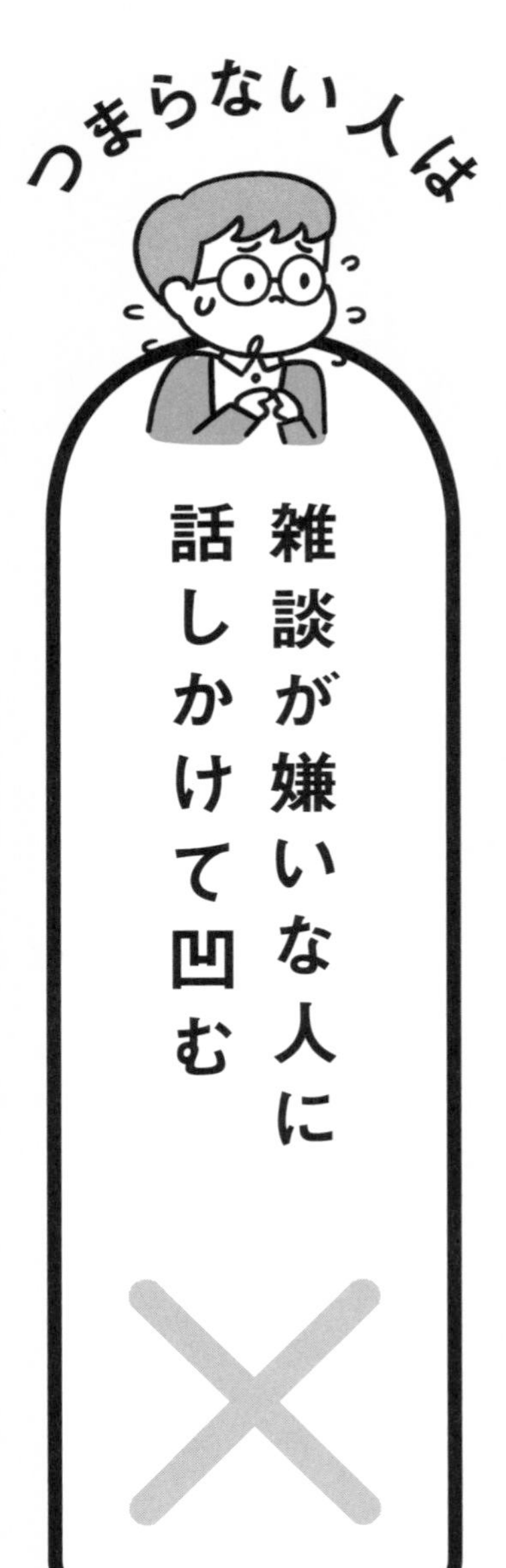
つまらない人は
雑談が嫌いな人に
話しかけて凹む

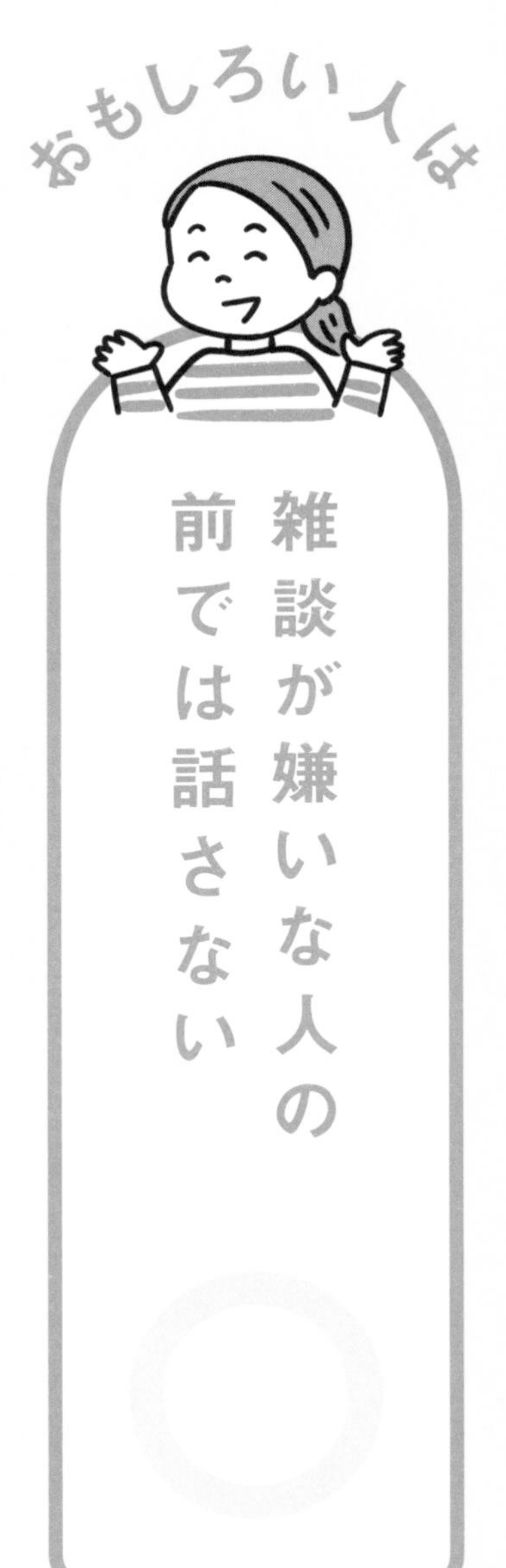
おもしろい人は
雑談が嫌いな人の
前では話さない

前の項で「雑談は場数だ！」とお話ししましたが、雑談というのは、誰もがしたいと思っているわけではありません。

そもそも雑談が嫌いな人もいますし、別に嫌いではないけど、他にやることがあって、今は雑談どころではないという場合もあります。あるいは、相手が勝手にあなたとの相性が悪いと思っていて、雑談を意図的に避けられているかもしれません。

それにもかかわらず、あなたが「雑談は必ずしなければならない」という義務感を持っていたらどうでしょうか？　薄々、相手がそれほど雑談に乗り気ではないことを知りつつ、雑談をしようと話しかけても、たいていの場合は失敗してしまい、自分自身を傷つけ、苦しめるだけです。

これまで「雑談には人生を変える力がある！」とお伝えしてきました。でも、どうしても雑談ができない相手もいます。ですから、**あまりに「雑談ありき」の考え方はしないでください。**無理をする必要は、決してありません。

とはいえ、空気を読むのが苦手で、ついついタイミングを誤って話しかけてしまう人もいます。そういう人には、次のアドバイスを贈ります。

話しかける前に、相手が今、何をしているのか観察してください。

たったのこれだけです。仮に、何か時間つぶしをしているような状態だと思えば、雑談はOKです。しかし、これが眉間(みけん)にしわを寄せて何かを熱心に見ている、あるいは手を動かして作業をしているような状態なら、話しかけない方がよいでしょう。

こんなの当たり前と思うかもしれませんが、人に話しかける前は緊張していて、なかなか気づかないこともあります。だからこそ、一旦心を落ち着けてから、相手の状況を観察するのです。

たとえば私の場合、インプロのワークショップなどを行うとき、生徒の方から話しかけられることがあります。しかし、人によっては、私が授業の前にパソコンの設定をしている最中に話しかけてくる人がいます。そういう人には、好きとか嫌いとか、内容がどうとか以前に、目の前の作業に集中しているので、どうしても、「ありがたいんですが、後でお話ししましょう！」と返すより他にありません。

話しかけられやすい人になる、たった1つの方法

話しかけるのが苦手な人は、自分から話しかけるのではなく、「話しかけられやすい人になる」という方向にシフトするのも1つの手です。

話しかけられやすい人になるには、何より**「笑顔」**が大切です。

そして、大人数で会話していて、自分が直接参加していないような話にも、積極的にうなずくなど、リアクションを取ることも大切です。それを見た周囲の人は、「あの人はいつも楽しそうに話を聞いてくれるな」と思うからです。

あまり人に話しかけられないタイプの中には、普段、人の話を聞いている最中も、「それって意味あります？」「そういうの、私はわからないですね」といった、ネガティブなことばかりを言って、話しかけづらいオーラを出している人がいます。

雑談がおもしろい人は、そんな態度は決してとりません。周りの人の話を肯定的に受け入れ、自然と自分の味方にしています。それが、実力勝負ではなくコミュ力勝負に持っていく場合、とても重要なポイントの1つとなります。

話しかける前には、相手の状態を再確認！

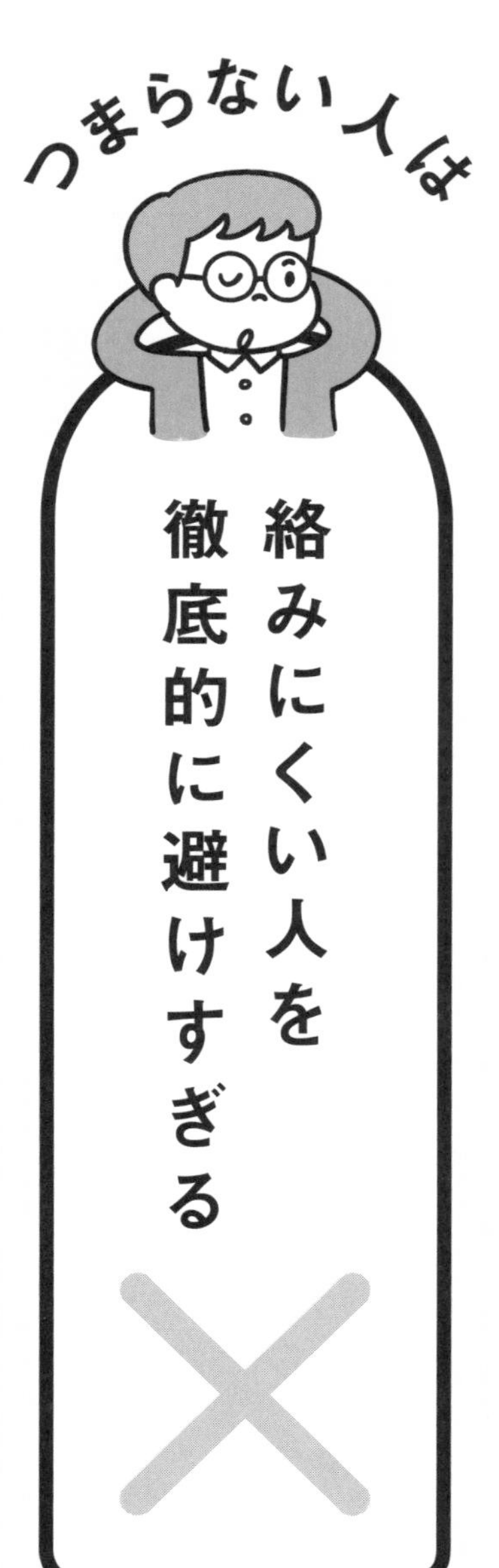
つまらない人は
絡みにくい人を
徹底的に避けすぎる

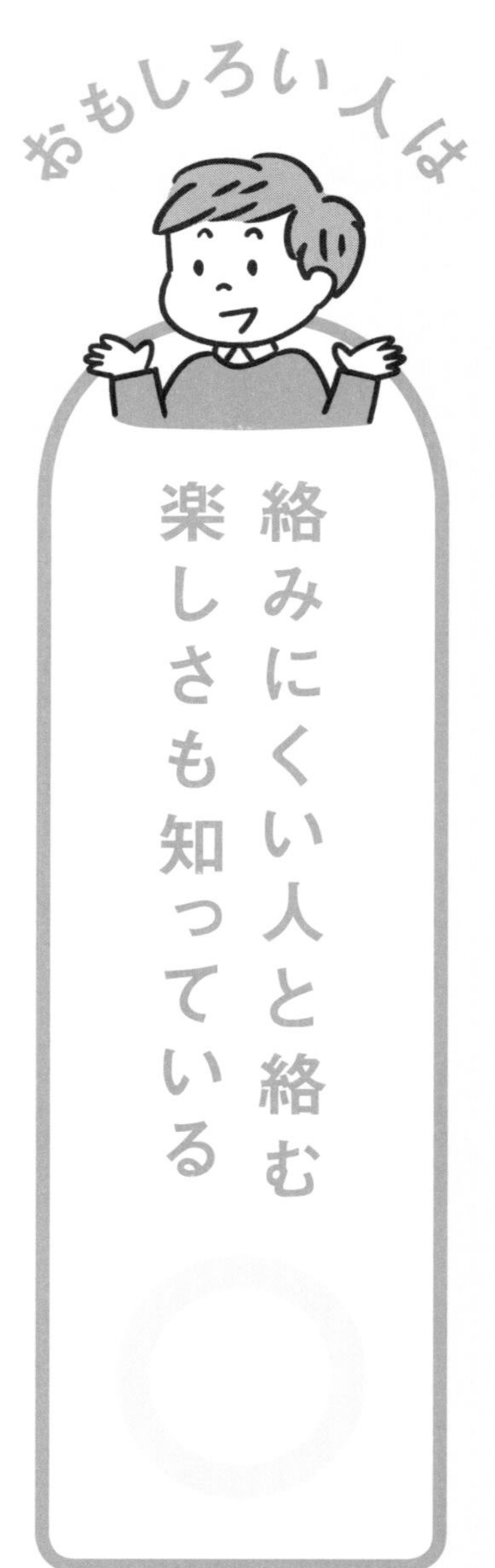
おもしろい人は
絡みにくい人と絡む
楽しさも知っている

雑談を通じて色々な人と関わっていると、「絡みにくい」と世間で言われるような人に遭遇することもよくあると思います。しかし、そういった「絡みにくい人」も、インプロ的に解釈すると、その印象が少し違って見えてくるかもしれません。

インプロ的に言えば、雑談は「お互いのキャラクターを知る」ことです。だから、ざっくり言ってしまえば、世間で「変わっている」と言われる、**変なキャラクターの人の方が、インプロ的には雑談相手としてやりやすく、会話も盛り上がりやすい**といえます。

たとえば、テレビのバラエティー番組に出ているような人は、基本的にちょっと変わり者です。誰でも知っている有名人をあげるなら、黒柳徹子さんは、かなり独特なキャラクターをお持ちの方です。

もし、あなたが徹子さんと雑談をしたら、予想外な質問を色々とされて、ドギマギしながら答えるなどして、ちぐはぐなやり取りになって、「絡みにくかった」とすら感じてしまうかもしれません。

しかし、インプロ的な観点で考えると、そうやって**お互いのキャラクターがはっきり伝わる雑談は、いい雑談なのです。**実際、当たり障りのない会話だけして、お互いの人となりがよくわからない雑談をしている第三者を見たら、あなたは「つまらない話をしてる人たちだ」と感じるに違いありません。

絡みにくい人ほど「味方にしやすい」？

また、「絡みにくい」とされている人は、多くの人はそんなに簡単には寄り付かないので、こちらが思っているより孤独感を抱いていて、話しかけてくれることをありがたく思っている可能性もあります。

だから、**「絡みにくい人＝心を許してくれる可能性も高い人」**と考えることもできるのです。変な話、もしそういう人が仕事の場で上司だったり、キーマンだったりする場合、あえて雑談によって関係を近づけることによって、周囲と差をつけることができるかもしれません。ある意味、競争率が低いともいえるわけです。

実は私自身、テレビ業界で働いていて、「絡みにくい」とされる人と絡むのが得意だったので、そのおかげでだいぶ得をしたな、という実感があります。

特に、テレビ業界で出世している人は、強烈な個性を持っていて、いわゆる「絡みにくい」人も多くいます。そんな環境だと、いわゆる普通の仕事上のやり取りだけではなかなか相手の印象に残らず、その後の仕事の機会にもなかなか恵まれないということもあります。

しかし、そうした個性が強い方々だからこそ、雑談を通じて関係を作っておくと、雑談しているだけなのに「お前はわかってる！」と思われている、なんてことは多々あります。まさに、これは実力勝負ではなく、コミュ力勝負といえるでしょう。

もちろん、注意しなければならない、「絡みにくい人」もいます。

たとえば、話していて苦痛と感じるほど「攻撃的」な人は論外ですし、ハラスメントまがいの言動を取るような人物にこちらから雑談をする必要はないと思います。

しかし、「何となく絡みにくそう」くらいの理由で避けているのであれば、一度チャンスをうかがって話しかけてみるのもいいかもしれませんよ。雑談を通じて相手をうまくコントロールできれば、あなたの人生はガラリと変わるかもしれません。

すぐに役立つ雑談ハック
6

絡みにくい人の中に「宝の山」が眠っているかもしれない

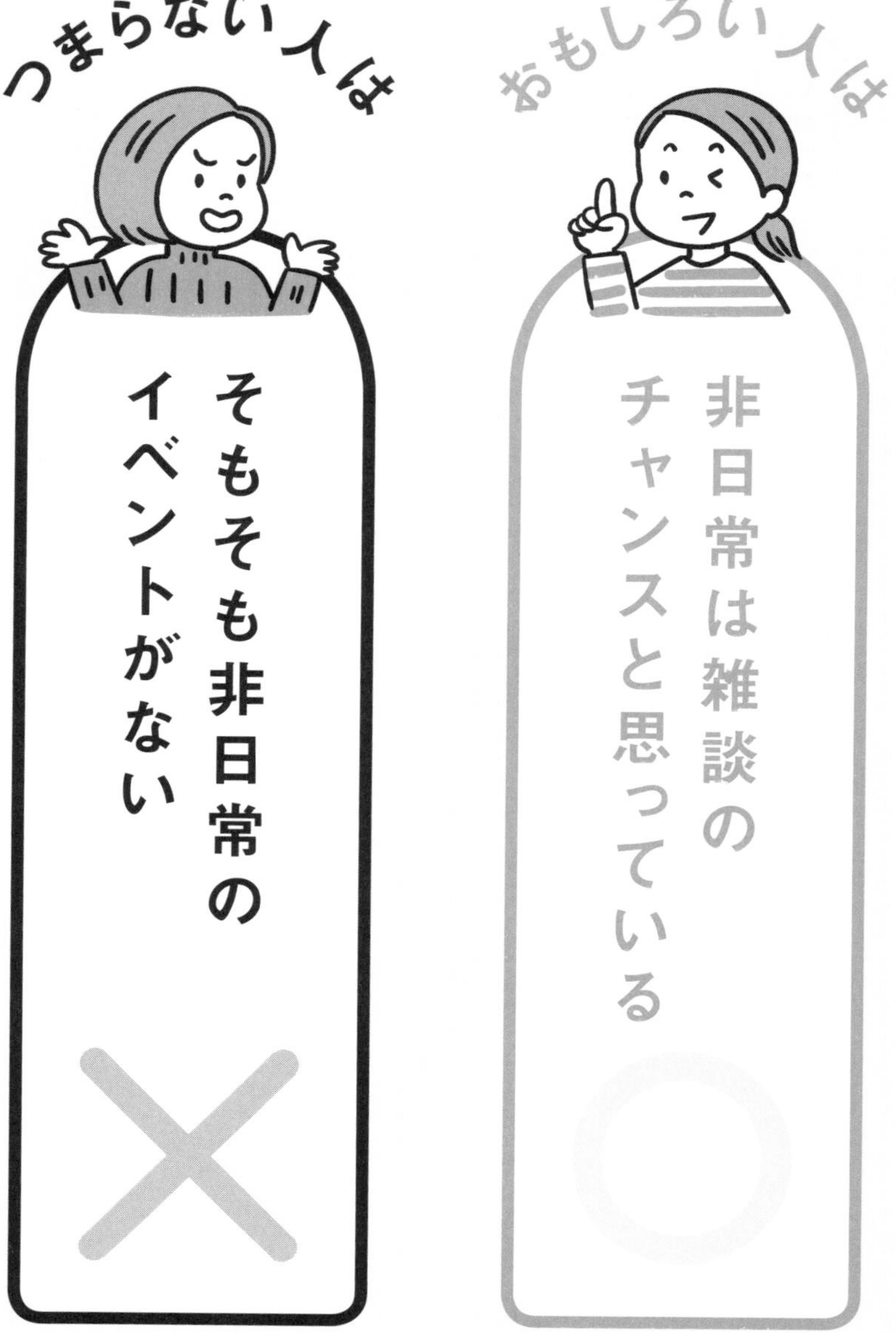

つまらない人は

そもそも非日常のイベントがない

×

あまり雑談が盛り上がらない、と悩んでいる人は、**アクティビティをともにしながら雑談をしてみる**のもいいかもしれません。

アクティビティと言いましたが、内容は何でもOKです。ゴルフやボーリングなどのスポーツでも、麻雀などのゲームでも、はたまたBBQ(バーベキュー)や職場の大掃除などでもかまいません。

どうしてアクティビティをしながらの雑談が良いのかというと、**目の前にある事柄についてただお互いにリアクションを取っているだけで、お互いのキャラクターを伝え合うことができるからです。**

話題は目の前の事柄について話せばいいだけですし、流れも決まっているので、それに沿ってリアクションしていけば気まずい空気になることもありません。

たとえば、一緒に大掃除をやるというだけでも、きっと次のようなパターンが出てくるはずです。

- 「めんどくさいな〜!」と言いながら、しっかり掃除する人
- 掃除のコツを人に教えたがる人

・「早く終わらせよう！」と張り切る人
・黙々と集中して掃除をこなす人

このように、その姿を見るだけで、相手のキャラクターがすぐにわかってしまいます。キャラクターが判明してしまえば、雑談は簡単になります。

「めんどくさい！」と言いまくる人には、「そうですね。大変ですよね！　あー、私も疲れた！」と返せば、雑談が盛り上がりそうなことは、容易に想像できます。

一方、たとえば待合室で偶然2人きりになってしまったとき、雑談をしようとするのは大変です。言ってみれば、会議室にこもって、0からアイデアを出すようなものです。同じ雑談といっても、脳の疲労度がまったく違ってくるというわけです。

イベントは雑談をする最大のチャンス！

ちなみに、企業が「社員旅行」などの非日常のイベントを企画するのは、そうしたイベントを通じて社員同士が気楽に雑談をすることで、お互いのキャラクターを把握することにつながるからです。

ですから、非常に逆説的なのですが、**普段、会話が苦手だと感じる人こそ、こうしたイベントに参加した方がメリットが大きい可能性があります。**なぜなら、日常的な仕事の場より、こうした非日常のイベントの方が、雑談自体のハードルも下がっているからです。

もちろん、職場にパワハラじみた人が多くて行きたくないと感じるような会社は別ですが、「何となく行っていない」くらいであれば、一度顔を出してみて、職場の人たちのキャラクターを把握してみるのもいいのではないでしょうか。

少なくとも、普段と同じ環境の中で雑談をがんばるよりも効果的だと思いますよ！

すぐに役立つ雑談ハック

7

雑談が苦手な人ほどイベントに参加してみよう！

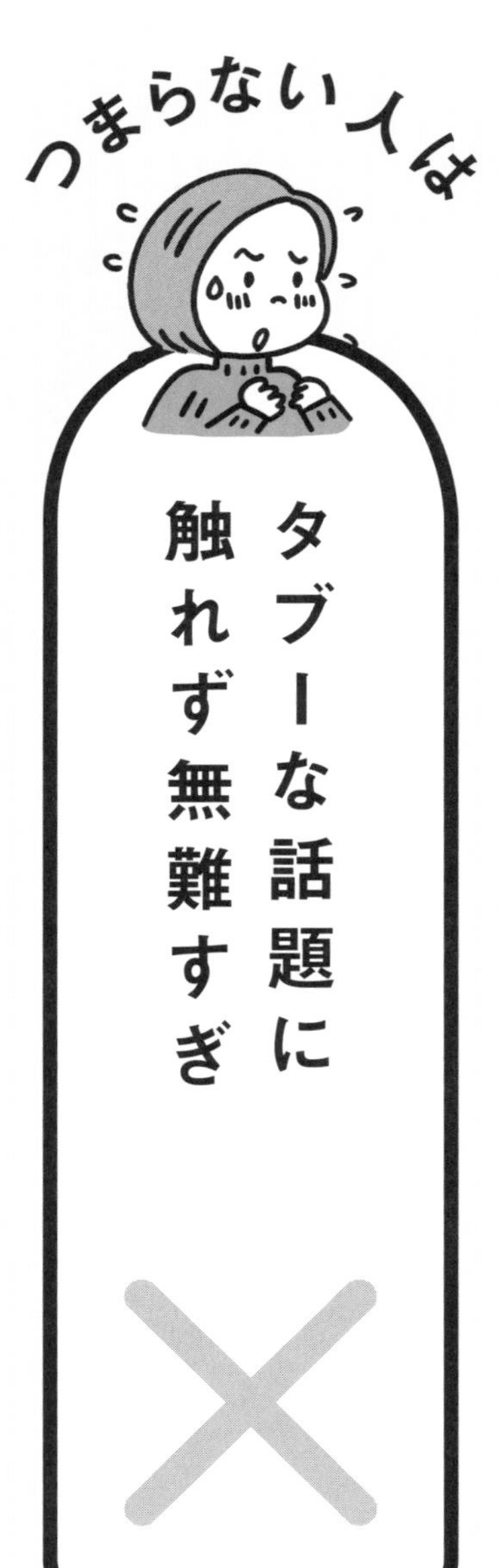
つまらない人は
タブーな話題に
触れず無難すぎ

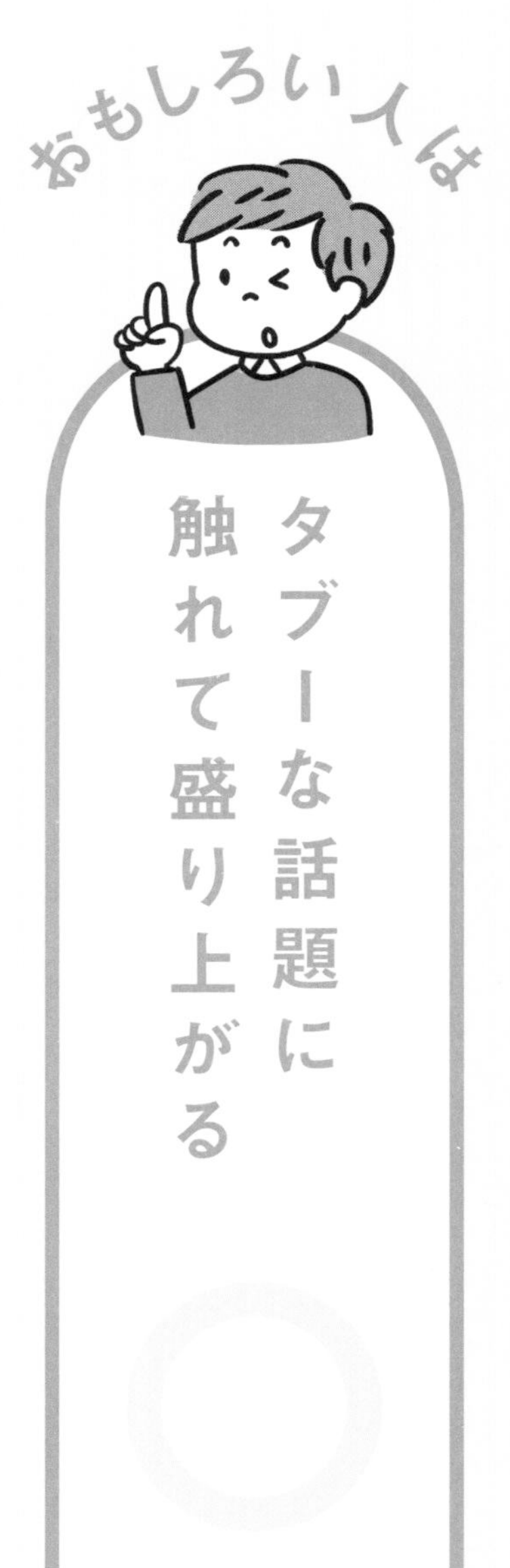
おもしろい人は
タブーな話題に
触れて盛り上がる

雑談をお互いのキャラクターの理解だと考えていると、話題の幅も自然と広がります。たとえば、相手が割とフランクなキャラクターだとわかれば、ちょっとタブー感のある話題も振ることができます。

タブーな話題は、いつでも振れるような話題ではありませんが、そういう話題が許される相手であれば、この手の雑談は非常に盛り上がります。

しかも、**一度でもタブーな話題で盛り上がった相手とは、不思議と一体感が生まれます。**この一体感は、その後の人間関係において、意外と馬鹿にならないものです。

あまり明言はしませんが、私の周りでも、仕事の実力がそれほど高いとは思えない人が、権力のある人物から不思議と気に入られている場合、その裏ではこうした「タブーな雑談」で盛り上がった経験がある、なんてことがあったりします。

さて、一方、雑談を苦痛だと感じていたり、相手のキャラクターに無関心で、情報交換だけすればいいと思っている人は、タブーで盛り上がるような話題はできません。

たとえば、次の会話のように、いい話、役に立つ話などをして、お互いに良いことしか言えない雰囲気の雑談をしがちな人は結構いると思います。

A「今日も結構、遅くなりましたね」

B「そうですね。さすがに連日だと疲れますすね」

A「まあ、残業代も出てるし、ありがたいと思わなくちゃダメですよね」

B「そうですよね。出ない会社もある中、出てるだけマシですよね」

A「では、お疲れ様でした」

B「お疲れ様でした」

これは別に悪い雑談ではありません。

しかし、どこか距離感のある会話でもあります。

これを、**相手のキャラクターを把握した上で、タブーな話題にまで踏み込めるようになると、もう少し「仲間感」のある会話になります。**

A「先輩、今日も結構、遅くなりましたね」

B「そうだね。嫌になるね。連日こうだと」

A「いい会社見つかったら、正直、すぐにでもやめたいです（笑）」

B「すごいこと言うな！　でも、その気持ちわかる！　とはいえ、いざ転職を考えると、うちの会社も悪くないんだよな～」

A「ですよね。他は、残業代も出ないようなところもあるらしいですからね」

B「もう、日本は終わってるよな！　ヨーロッパみたいに、何週間か有給もらって、バカンスとか行きたいな～」

A「僕ら、薄い顔に生まれちゃったんだから、そこはあきらめましょう（笑）」

B「原因はそこじゃないだろ！　あはは！」

A「そこですよ！　じゃあ、お疲れ様です」

B「うっす！　お疲れ様～」

こちらの雑談では、「会社やめたい」というタブーな話題をきっかけに、会話が盛り上がっています。最初の会話例とは大きな違いで、先輩と後輩の関係の近さを感じます。

インプロの舞台でもそうなのですが、頭の中に「このトピックはＮＧ」などと制限がかかった状態では、絶対に失敗しないようにと、守りに入った会話しかしなくなります。その結果、ややよそよそしい展開の会話になってしまいます。

雑談も一緒で、お互いにキャラクターを把握した相手であれば、あえてタブーな話題を仕掛けてみてください。表現のリミットがなくなり、より自由な発想で雑談ができるようになって、仲間感のある会話ができるようになるはずです。

タブーな話題は「仲間感」を生み出す秘訣

つまらない人は

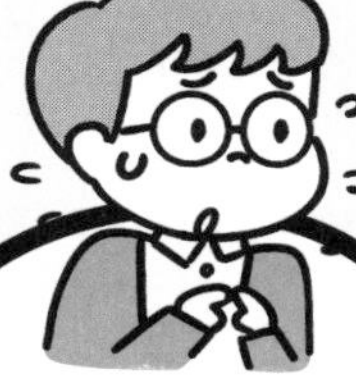

プライベートに
決して踏み込まない

×

おもしろい人は

プライベートにも
切り込む

○

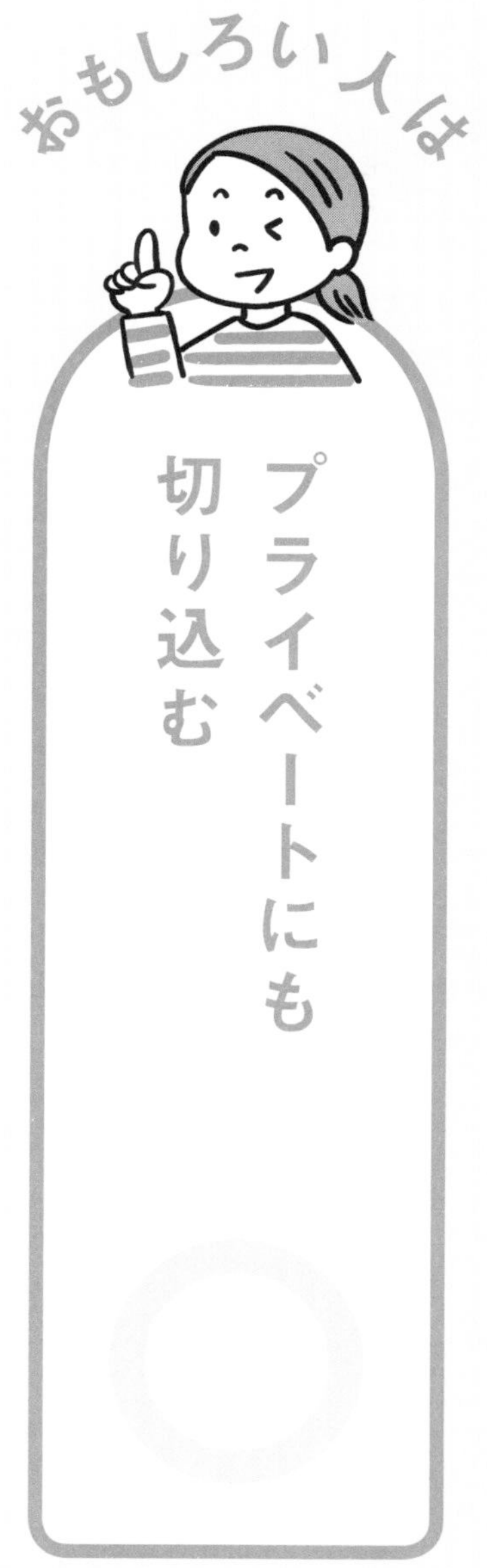

先ほど、タブーには相手を見て切り込めと書きましたが、ここではプライベートな話題の扱い方も押さえておきましょう。

しかし、これもタブーと同じく、「決して触れてはいけない」なんてことはありません。一般的に、相手のプライベートには切り込まない方が良いような印象もありますが、そんなルールを設けるのはやめてください。

プライバシーの鉄則は、**「相手が話したければ話せば良い」**というだけです。

ここは必ず相手基準です。相手が自分からプライベートの話題を振ってきたときだけ、プライベートに入ればいいのです。

また、あなたのプライベートの話も、自分が話しても良いと思うものは、話した方が雑談は盛り上がります。

一方、雑談がつまらない人は、相手に関係なく自分のプライバシーポリシーを決めて、「こういう話はしない方が良い」と、同じルールを全員に適用します。

しかし、それをやってしまうと、損をする可能性があります。

プライベートな話は「OKサイン」を見逃さない

たとえば、次のような会話をする人はいないでしょうか？

A「今、彼氏とすごいもめてて。ちょっと聞いてくださいよ！」
B「そうなんだ。でも、そういうプライベートな話はアドバイスできないよ」
A「えっ！　でも本当に私、超かわいそうなんですよ」
B「へー。でも、それよりさ、この前話してた○○の件なんだけど〜」

Bさんは「相手のプライベートには立ち入らない」という自分ルールを持っていて、Aさんの話を受け流してしまっています。しかし、これだけAさんが話をしたがっているのであれば、自ら切り込むぐらいに入っていったら良いと思います。

A「今、彼氏とすごいもめてて。ちょっと聞いてくださいよ！」
B「何があったの？　あ、わかった。もしかして、お金関係？」

A「えっ、何でわかったんですか?」

B「この前さ、『最近お金のこと勉強してる』って言ってたじゃん。それでピンときたの」

A「Bさん、鋭いですね。そうなんです。実はこの前、同棲してる彼氏から、借金があるって言われて……」

B「借金! それは大変ね……。で、どれくらいなの?」

A「1000万円です」

B「1000万円か! なんだ、1000万円とか言われたらどうしようかと思った。たしかに、うーん、結構大きな問題だけど、なんとかなるんじゃない?」

A「えっ、そうですかね?」

B「そうよ。むしろ、ちゃんと話してくれるなんて、将来を考えてる証拠じゃない」

A「そ、そうですよね! なんか、少し元気が出てきたかも」

この会話の中で、Bさんは、積極的に自分から相手のプライベートな話にぐいぐい切り込んでいって、雑談を盛り上げていっています。「このくらいのテンションでもいいの?」と思うかもしれませんが、まったく問題ありません。

なぜなら、**雑談中に、あえて自分のプライベートな話を出してくるようなタイプは、それを言いたくて仕方ない場合が多いから**です。

ですから、受け身で、当たり障りなく自分の話を聞いてくれる人より、際どいところまで聞いてくれる人を求めていたりします。

たとえば、水商売の方々なんて、「大丈夫?」って思うほど、お客さんのプライベートをグイグイ質問攻めにしています。しかも、それでお金までもらっているわけです。

そのぐらい、プライベートを語りたい人は、どんどん自分について周りに知ってほしい人なので、安心して攻めの雑談を展開していきましょう。スパイのようにとまでは言いませんが、その場の人間関係に応じて自分のキャラクターには幅をもたせ、相手に合わせて、こちらの対応も変化させるようにしましょう。

すぐに役立つ雑談ハック

9

プライベートな話も、相手が話したいなら積極的に広げよう!

おわりに

本書をお読みいただき、ありがとうございました。
コラムでも少しお話ししましたが、私の仕事人生を振り返っても、実力勝負で正面突破したなんて経験は皆無だな、と我ながら思います。どちらかというと、雑談を上手に活用した「コミュ力勝負」で結果を出してきました。

そもそも**テレビ業界に入ったきっかけ自体も、「雑談力」によるところが大きい**です。
留学経験があって英語は得意でしたが、学歴も高くなく、アフロ頭に髭(ひげ)というヒッピーのような青年だった当時の私。希望していたテレビ業界で自分の納得できる就職口は、最初は残念ながら見つかりませんでした。

そんな中、留学経験者ネットワークの飲み会での雑談で、ＮＨＫ国際放送局という、外国向けに英語で日本のことを情報発信しているところがあると知りました。そしてネットを見ていると、すぐに制作スタッフを募集する番組制作会社の求人が見つかったのです。

そこで私は早速、この求人に応募してみました。

すると、当然、ヒッピーな感じの私は、落ちてしまいました。

しかしです！　私は、この面接のときに、「こんな番組を作りたい」ということを書いた番組企画書（というう名のメモ書きですが）を持っていっていました。面接のときに、それをネタにしながら、**制作会社の社長と、雑談だけはしっかりしておいたんです。**

すると、後日、「君みたいなキャラクターなら、この番組に合うんじゃないか？」と、ＮＨＫ国際放送局での働き口を紹介してくれたのです。面接のときに募集していた職種とも異なりますし、給料も安かったですが、とにかくこれが私のテレビ業界入り、および社会人人生の本格的な始まりでした！

だから、留学経験者ネットワークでの雑談と、面接のとき、本題から脱線しまくりで社長相手に話した雑談がなければ、私は今、まったく違う人生を送っていたはずです。

その後も、似たような経験を数多くしてきました。

20代前半の頃、先輩の放送作家に紹介してもらった出版社の編集者と、何度も飲みに行って雑談をしていた時期がありました。結局、その方と直接本を作ることはなかったものの、数年後、その方が担当した某有名タレントを紹介していただく機会がありました。

そのタレントさんとは、高円寺の喫茶店で会ったのですが、特別深い話をするわけでもなく、3時間ほど、雑談で盛り上がっただけでした。しかし、波長が合ったのでしょうか、私はそのタレントさんの書籍企画に関わるようになり、さらに、出演しているゴールデン番組の構成なども担当することになりました。

これは、私の放送作家人生を劇的に広げるきっかけになりました。

このような自身の経験も含めて、私は、**雑談とは「自分の可能性を広げるツール」**だと考えるようになりました。

そもそも人間は、勝手な先入観で「自分はこういう人間だ」と考えて、それに沿って行動しています。しかし、時々、他の人から、「君には合いそうだと思うんだけど、この仕事をしてみない?」「こんなことをしてもいいんじゃないの?」と自分の想定と異なる、予想もしないチャンスをもらえることがあります。そういった他の人からの、自分自身では考えもつかなかったオファーに乗った結果、自分の仕事や専門に幅が出た、なんて経験も多いものです。

そのきっかけを作るのが「雑談」なのです。

雑談を通じて、自分でも思ってもみなかった自分の選択肢を知り、人生が大きく変わっていく。そんな力を雑談は持っている、と思います。

話は少し変わりますが、いわゆる営業トークの有名なセオリーに、「商品ではなく、まずは、自分を売り込むことが必要」という教えがあります。次に引用するのは、『なぜハーバード・ビジネス・スクールでは営業を教えないのか？』（２０１３年、プレジデント社）の一節です。


営業とは、ものを売ることではなく、自分を売り込むことだと考えている。お客様は商品を買うのではなく、信頼できるあなたが売っているもの、つまりあなた自身を買うのだ。


私は、営業だけでなく、人生のすべてがこれと同じことだと思っています。

つまり、ここでいう「自分を売り込む」ということが指し示しているのは、相手に自分のキャラクターを知ってもらうことです。

それによって、相手に信頼感、安心感を持ってもらえるから、その後に何かお願いごとをしても聞いてもらえますし、反対に自分が思ってもみなかったようなチャンスをもらえたりするのです。

そして、**相手に自分のキャラクターを手っ取り早く理解してもらい、信頼感、安心感を持ってもらえる最大の手段が「雑談」です。**だから、雑談は人生を変えるのです。

というわけで、雑談を駆使して人生をラクに生きていきたいと思うのなら、ぜひ本書を何回も読み返して、日常生活で積極的に雑談に取り組み、自分なりの「キャラクターの相互理解の方法」を確立してみてください。

渡辺龍太

2019年12月

ブックデザイン：小口翔平＋岩永香穂＋大城ひかり（tobufune）
イラスト：柴田昌達
著者エージェント：アップルシード・エージェンシー

〈著者略歴〉
渡辺龍太（わたなべ・りょうた）
放送作家、即興力養成講師（ハリウッド流インプロ協会会長）
高校生の頃にお笑い芸人を志すも、日本ではスベり続けた末に、一念発起してアメリカへ留学。その際、現地で「インプロ（即興力）」と呼ばれる科学的に研究されたアドリブトーク術と出会い、コミュニケーション能力が劇的に改善。以降、本格的にインプロや心理学を学び、体系的にまとめられた「人間が笑う話のロジックのパターン」の研究に没頭する。帰国後は、インプロで身につけたコミュケーション能力を活かして、実績ゼロからNHKの番組ディレクターに就任し、放送作家となる。現在は、放送作家として活躍するかたわら、浅井企画メディアスクールでインプロワークショップなどの講師を経験したことをきっかけに、ビジネスマンや学生を対象に、様々な自治体や企業で精力的に講演やワークショップなどを行っている。2018年には、さらにインプロを広めるために、ハリウッド流インプロ協会を設立し、インプロ講師の養成にも注力している。
著書に、『１秒で気のきいた一言が出るハリウッド流すごい会話術』（ダイヤモンド社）、『自分の居場所はどこにある？　SNSでもリアルでも「最高のつながり」の作り方』（CCCメディアハウス）、『ウケる人、スベる人の話し方』（PHP研究所）がある。
インプロの体験会を毎月開催しています。下記のアドレスからメルマガにご登録いただいた方に、コミュニケーションに関する気づきや、体験会の場所や時間を配信しています。　http://kaiwaup.com/e-book/
講演・ワークショップのお問い合わせ　ryota7974@gmail.com

雑談がおもしろい人、つまらない人

2020年2月4日　第１版第１刷発行

著　者　　渡辺龍太
発行者　　後藤淳一
発行所　　株式会社PHP研究所
東京本部　〒135-8137　江東区豊洲5-6-52
第二制作部ビジネス課　☎03-3520-9619（編集）
普及部　☎03-3520-9630（販売）
京都本部　〒601-8411　京都市南区西九条北ノ内町11
PHP INTERFACE　https://www.php.co.jp/

組　版　　有限会社エヴリ・シンク
印刷所
製本所　　凸版印刷株式会社

ISBN978-4-569-84581-4